声に出す初級スペイン語文法

KOJI ANDO

Supervisado por

MUNEAKI TSUJII

Editorial ASAHI

PAÍSES HISPANOHABLANTES

ISLAS CANARIAS
Lanzarote
La Palma
Tenerife
Sta.Cruz de Tenerife
Fuerteventura
Las Palmas de Gran Canaria
Gomera
Teide
Hierro
Gran Canaria

Tijuana
Mexicali
Río Grande
Ciudad Juárez
P.de la Baja California
Chihuahua
Guadalajara
Acapulco

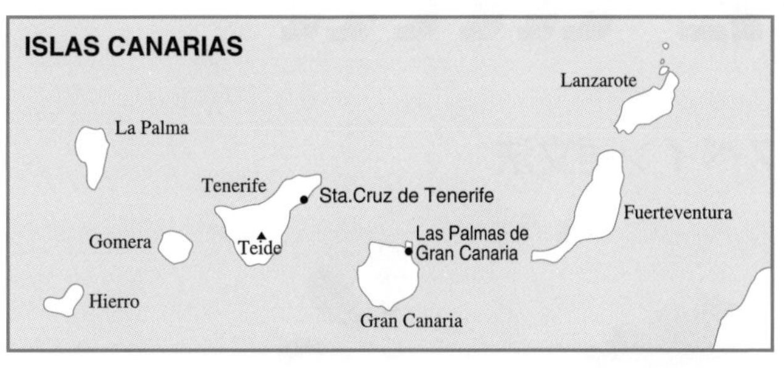

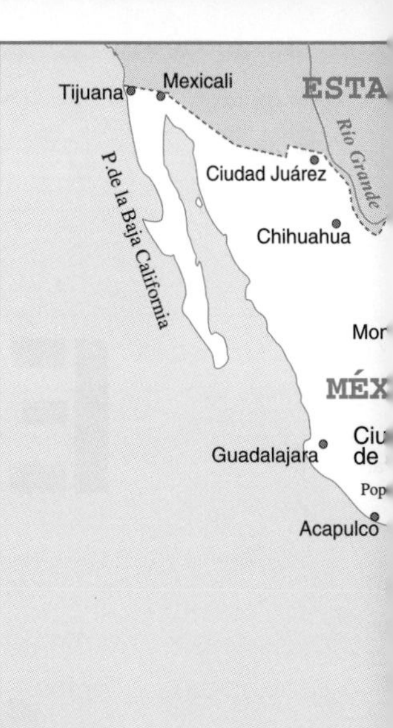

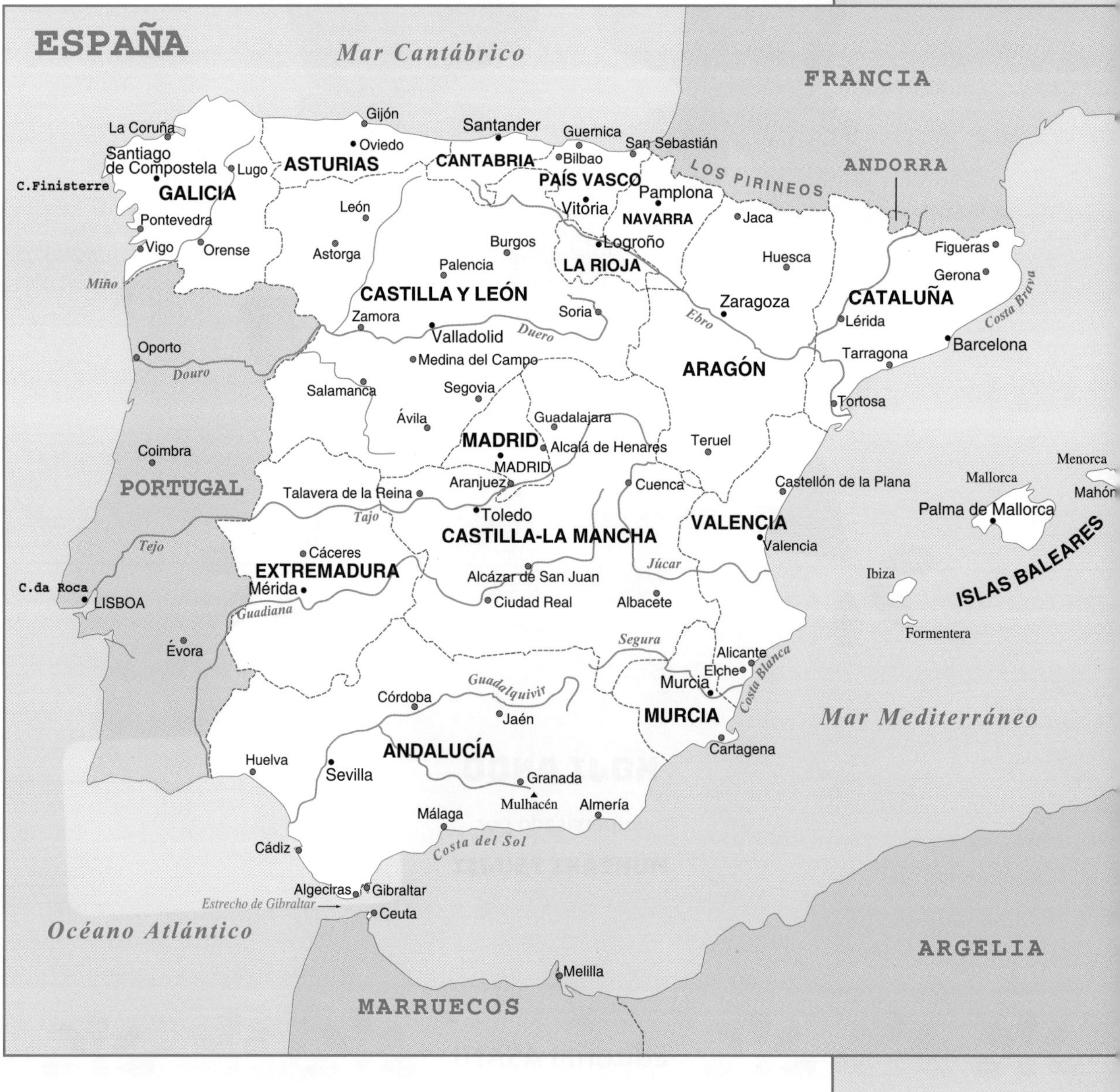

ESPAÑA
Mar Cantábrico
FRANCIA
Gijón
Santander
Guernica
San Sebastián
La Coruña
Oviedo
Santiago de Compostela
Lugo
ASTURIAS
CANTABRIA
Bilbao
ANDORRA
LOS PIRINEOS
C.Finisterre
GALICIA
PAÍS VASCO
Pamplona
Vitoria
NAVARRA
León
Jaca
Pontevedra
Vigo
Orense
Burgos
Logroño
Astorga
Palencia
LA RIOJA
Huesca
Figueras
Gerona
Miño
CASTILLA Y LEÓN
Soria
Zaragoza
CATALUÑA
Zamora
Valladolid
Duero
Ebro
Lérida
Costa Brava
Oporto
Medina del Campo
Tarragona
Barcelona
Douro
ARAGÓN
Salamanca
Segovia
Tortosa
Ávila
Guadalajara
MADRID
Alcalá de Henares
Teruel
Coimbra
MADRID
Menorca
PORTUGAL
Talavera de la Reina
Aranjuez
Cuenca
Castellón de la Plana
Mallorca
Mahón
Tajo
Toledo
VALENCIA
Palma de Mallorca
CASTILLA-LA MANCHA
Valencia
ISLAS BALEARES
Tejo
Cáceres
EXTREMADURA
Alcázar de San Juan
Júcar
Ibiza
C.da Roca
Mérida
LISBOA
Ciudad Real
Albacete
Guadiana
Formentera
Évora
Segura
Alicante
Elche
Costa Blanca
Guadalquivir
Murcia
Córdoba
Jaén
MURCIA
Mar Mediterráneo
ANDALUCÍA
Cartagena
Huelva
Sevilla
Granada
Mulhacén
Almería
Málaga
Cádiz
Costa del Sol
Algeciras
Gibraltar
Estrecho de Gibraltar
Ceuta
Océano Atlántico
ARGELIA
Melilla
MARRUECOS

HISPANOAMÉRICA
Golfo de México
Nueva Orleans (New Orleans)
Mississippi
Miami
BAHAMAS
Is. Bahamas
La Habana
CUBA
Mérida
P.de Yucatán
Santiago de Cuba
HAITÍ
Santo Domingo
REPÚBLICA DOMINICANA
PUERTO RICO
San Juan
JAMAICA
BELIZE
HONDURAS
Tegucigalpa
San Salvador
NICARAGUA
Managua
San José
COSTA RICA
PANAMÁ
Panamá
Mar Caribe
Antillas Menores
Lago de Maracaibo
TRINIDAD Y TOBAGO
Puerto España (Port of Spain)
Maracaibo
Caracas
Cartagena
VENEZUELA
Ciudad Bolívar
Orinoco
LLANOS
Magdalena
Medellín
Bogotá
COLOMBIA
Buenaventura
GUYANA
SURINAM
Guayana Francesa
Arch. de Colón (Is.Galápagos)
Quito
ECUADOR
Cotopaxi
Chimborazo
Guayaquil
Manaus
Amazonas
Belém
Fortaleza
Recife
Chiclayo
Cajamarca
Trujillo
CORDILLERA DE LOS ANDES
Callao
LIMA
PERÚ
Cusco
BRASIL
San Francisco
BOLIVIA
L.Titicaca
Arequipa
La Paz
Cochabamba
EL ALTIPLANO
Sucre
Santa Cruz de la Sierra
Potosí
Salvador
Brasilia
Belo Horizonte
Paraguay
Paraná
PARAGUAY
Antofagasta
Salta
Asunción
São Paulo
Santos
Río de Janeiro
Curitiba
CHILE
San Miguel de Tucumán
Uruguay
Porto Alegre
Santa Fe
Córdoba
Paraná
Aconcagua
Valparaíso
San Juan
Mendoza
Rosario
URUGUAY
Santiago
BUENOS AIRES
La Plata
Montevideo
Río de la Plata
Concepción
Colorado
Mar del Plata
Negro
Temuco
Puerto Montt
ARGENTINA
PATAGONIA
Comodoro Rivadavia
Is.Malvinas (Falkland)
Estrecho de Magallanes
Punta Arenas
Tierra del Fuego
Ushuaia
C.de Hornos
Is.Georgias del Sur
Océano Pacífico
Océano Atlántico

音声ダウンロード

音声再生アプリ「リスニング・トレーナー」（無料）

朝日出版社開発のアプリ、「リスニング・トレーナー（リストレ）」を使えば、教科書の音声をスマホ、タブレットに簡単にダウンロードできます。どうぞご活用ください。

まずは「リストレ」アプリをダウンロード

» App Store はこちら

» Google Play はこちら

アプリ【リスニング・トレーナー】の使い方

① アプリを開き、「**コンテンツを追加**」をタップ

② QRコードをカメラで読み込む

③ QRコードが読み取れない場合は、画面上部に 55149 を入力し「Done」をタップします。

QRコードは(株)デンソーウェーブの登録商標です

「Web ストリーミング音声」

https://text.asahipress.com/free/spanish/envozalta/

はじめに

本テキストは、スペイン語を専攻する学生さんやスペイン語を基礎から学びたい方々のため、初級の文法事項を紹介しております。各課は文法解説3ページ、練習問題3ページで構成しております。

各課に Práctica de Pronunciación（音読練習用のことわざ）があります。文意は気にせず、音に慣れる、発音することに主眼を置いております。また文法解説の例文、練習問題の文についても声に出して読むことを前提として作成しており、予習・復習、および授業中にも間違いを恐れずに、何度も声に出して読んでください。本テキストの動詞活用及び Práctica de Pronunciación には音声データがあり、QR コードを各課に付しておりますので、大いにご活用ください。この音声の録音にご協力くださった Yolanda Fernández 氏ならびに Miguel Ángel Ibáñez 氏に感謝申し上げます。

最後に本テキストの作成に当たり監修をしていただいた辻井宗明先生、スペイン語母語者として貴重なご提言をしていただいた Jackeline Lagones 先生、細部に至るまで確認作業をしてくださった柳田玲奈先生、その他の関西外国語大学の先生方、ならびに朝日出版社の山中亮子氏に厚く御礼申し上げます。

2023年夏

著者

目　次

▼Audio

Gramática

POINT 1 母音 (vocales) 02

① 単母音　スペイン語の母音は５つあり、**a, e, o** が強母音、**i, u** が弱母音である。

c**a**s**a**, **e**co, **o**toño, **i**dea, **u**ña

② 二重母音　２つの母音が中断することなく連続して発音され、１つの母音とみなされる。

❶ 強母音 + 弱母音　**ai, ay, ei, ey, oi, oy, au, eu, ou**　**ai**re, h**oy**
❷ 弱母音 + 強母音　**ia, ie, io, ua, ue, uo**　c**ue**nto, h**ie**lo
❸ 弱母音 + 弱母音　**iu, ui, uy**　v**iu**da, c**ui**dado

③ 三重母音　３つの母音が中断することなく連続して発音され、１つの母音とみなされる。

iai, uai, uay, iei, uei, uey　Parag**uay**, b**uey,** camb**iái**s

POINT 2 子音 (consonantes) 03

① 単子音

b [b] バ行の音とほぼ同じと考えてよい。 **b**oca, esta**b**a
c [k] カ行の音とほぼ同じと考えてよい。 **c**ama, se**c**o
[θ] 文字 **e,i** の前で。英語の **th** の音とほぼ同じと考えてよい。 **c**ero, **c**ita
([se] [si]で発音される地域もある)
ch [tʃ] チャ行の音とほぼ同じと考えてよい。 **Ch**ile, he**ch**o
d [d] ダ・デ・ディ・ド・ドゥの音とほぼ同じと考えてよい。 **d**edo, **d**ama
語末の **d** は非常に弱く発音するか、全く発音しない。あるいは、英語の **th** の音で発音することもある。 Madri**d**, universida**d**
f [f] 英語の **f** の発音とほぼ同じと考えてよい。 **f**also, ele**f**ante
g [g] 文字 **a, o, u** の前で**[ga][go][gu]**となり、ガ行の音とほぼ同じと考えてよい。 **go**l, **ga**mba
[x] 文字 **e, i** の前で**[xe][xi]**となる。ハ行の音とは異なる。 **ge**nte, **gi**ro
[g] 文字 **ue, ui** の前で**[ge][gi]**となる。ガ行の音とほぼ同じと考えてよい。 **gue**rra, **guí**a

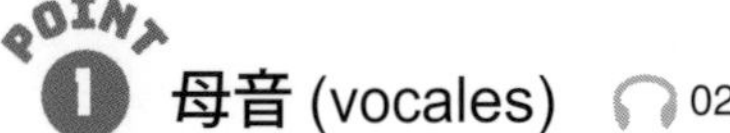

	[gw]	文字 **üe, üi** の前で**[gwe][gwi]**となる。	biling**üe**, ling**üí**stica
h	[-]	無音	**h**ilo, **h**ueso
j	[x]	ハ行の音とは異なる。語末ではほぼ無音。	**J**apón, **j**uego
k	[k]	スペイン語にとっての外来語のみで、カ行の音とほぼ同じと考えてよい。	**k**ilo, **k**oala
l	[l]	英語の **l** の音に近い。	**l**unes, **l**ey
ll	[ʎ] または [ʝ]	ヤ行あるいはジャ行に聞こえる。	**ll**ama, **ll**anta
m	[m]	マ行の音とほぼ同じと考えてよい。	**m**ano, **m**isa
n	[n]	ナ行の音とほぼ同じと考えてよい。	**n**aranja, **n**ervio
ñ	[ɲ]	ニャ行の音とほぼ同じと考えてよい。	ni**ñ**a, mu**ñ**eca
p	[p]	パ行の音とほぼ同じと考えてよい。	**p**an, **p**eso
q	[k]	文字 **ue, ui** の前で**[ke][ki]**となる。	**que**so, **qui**nce
r	[ɾ]	舌先を１回強く弾く。「コロコロ」や「ペロペロ」の **r** 音とほぼ同じと考えてよい。	ca**r**a, sa**r**dina
	[r]	語頭および語中 **l,n,s** の後で**[r]**となる。	**r**adio, En**r**ique
rr	[r]	舌先の弾き運動を急激に２、３回繰り返す。	pe**rr**o, to**rr**e
s	[s]	サ行の音とはやや異なる。	**s**aco, **s**eda
t	[t]	タ・テ・ティ・ト・トゥの音とほぼ同じと考えてよい。	**t**ambor, **t**omate
v	[b]	スペイン語で **b** と **v** は同じ発音である。	**v**aca, **v**isita
w	[b] または [w]	スペイン語にとっての外来語のみ。	**w**hisky, **W**ashington
x	[ks]	母音間で**[ks]**となる。	e**x**amen, é**x**ito
	[s]	子音の前で**[s]**となりやすい。	e**x**tranjera, e**x**celente
	[x]	メキシコとその周辺の地名。	Te**x**as, Mé**x**ico
y	[ʝ]	ヤ行あるいはジャ行に聞こえる。	**y**a, **y**eso
	[i]	単独または語末で。	re**y**, le**y**
z	[θ]	英語の **th** の音とほぼ同じと考えてよい。（**[s]**で発音される地域もある）	**z**oo, **z**apatos

注意を要する音 04

・**ll** [ʎ] を **y** [ʝ] のように発音する傾向がある。

ll ≒ y ca**ll**ado, ca**y**ado

・**cue** と **que**、**cui** と **qui** はそれぞれ別の音である。

cue ≠ que, cui ≠ qui **cue**llo≠**que**so, **cui**dado≠**Qui**to

2 二重子音 05

二重子音は単子音、つまり１つの音とみなされる。

bl, br, cl, cr, dr, fl, fr, gl, gr, pl, pr, tr **bl**anco, ma**dr**e, coli**fl**or, **gr**ande

POINT 3 音節 (sílabas) (→Lección 7) 06

前後に区切りがあると感じられる音の最小単位を音節という。二重母音と三重母音は単母音として扱い、二重子音と **ch, ll, rr** は１つの子音として扱う。音節分けのルールは以下の通り。

1 母音と母音の間にある１子音は後ろの母音につく。 ga**t**o, ca**m**a, me**s**e**t**a, to**n**e**l**a**d**a

2 母音と母音の間に子音が２つ以上あれば、１子音は後ろの母音につき、あとは前の母音につく。 alu**mn**os, i**ngl**és, i**nst**ante, o**bst**áculo

POINT 4 アクセント（強勢）の位置 (acento) 07

1 母音または **-n, -s** で終わる語は後ろから２番目の母音（音節）を強く発音する。

camar**e**ro s**e**da j**o**ven m**a**rtes

2 **-n, -s** 以外の子音で終わる語は最終母音（音節）を強く発音する。

am**o**r socied**a**d españ**o**l nar**i**z

3 上記 1 2 以外の場合にはアクセント符号が必要であり、その母音（音節）を強く発音する。

beb**é** japon**é**s **á**rbol cami**ó**n

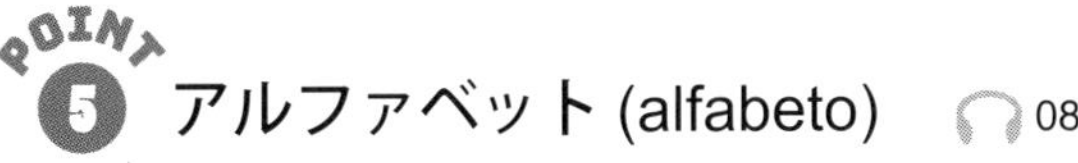

POINT 5 アルファベット (alfabeto) 08

大文字	小文字	読み	発音記号	例
A	a	a	[a]	casa
B	b	be	[be]	buenos días
C	c	ce	[θe / se]	centro
D	d	de	[de]	dedo
E	e	e	[e]	eco
F	f	efe	[éfe]	familia
G	g	ge	[xe]	gato
H	h	hache	[átʃe]	hola
I	i	i	[i]	hilo
J	j	jota	[xóta]	Japón
K	k	ka	[ka]	kilo
L	l	ele	[éle]	lunes
M	m	eme	[éme]	martes
N	n	ene	[éne]	Nicaragua
Ñ	ñ	eñe	[éɲe]	español
O	o	o	[o]	oso
P	p	pe	[pe]	pan
Q	q	cu	[ku]	queso
R	r	erre	[ére]	radio
S	s	ese	[ése]	sapo
T	t	te	[te]	toalla
U	u	u	[u]	uno
V	v	uve	[úbe]	vaca
W	w	uve doble	[úbe dóble]	whisky
X	x	equis	[ékis]	examen
Y	y	ye	[je]	ya
Z	z	zeta	[θéta / séta]	zoo

練習 1 アクセントのある音節に印をつけ、音読しましょう。 09

ejemplo) **a gua (ca) te**

1. Ja pón
2. Es pa ña
3. es pa ñol
4. a ho ra
5. u ni ver si dad
6. ve nus
7. gus to
8. pa e lla
9. ta cos
10. gua ca mo le
11. a sa do
12. cho ri zo
13. gaz pa cho
14. ta bas co
15. te qui la
16. dia man te
17. lar go
18. glo ria
19. mi ra
20. es cu do
21. mo co
22. tan to
23. vis ta
24. co ro na
25. sien ta
26. va mos
27. fa mi lia
28. pra do
29. es ti ma
30. al to

練習 2 以下の表現を声に出して読み、覚えましょう。 10

1. ¿Cómo se dice “denwa” en español? — “Teléfono”.
2. ¿Cómo se dice “amigo” en japonés? — “Tomodachi”.
3. ¿Qué significa “calle”? — Significa “camino para andar”.
4. Otra vez, por favor.
5. Más despacio, por favor.

練習 3 以下の数字を声に出して読んで覚えましょう。 11

0	1	2	3	4	5
cero	uno	dos	tres	cuatro	cinco

6	7	8	9	10
seis	siete	ocho	nueve	diez

Palenque

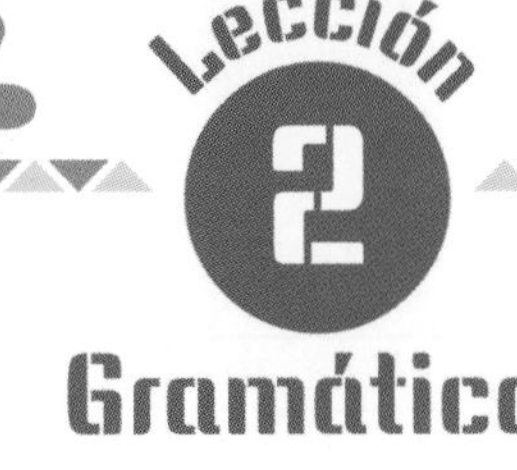

Lección 2 Gramática

▼Audio

POINT 1 名詞の性 (género de sustantivos)

スペイン語の名詞には文法上の性（男性名詞・女性名詞）と数（単数・複数）が存在する。

1 生物の性は名詞の性と同じ。

男性名詞	**padre**	**niño**	**gato**	**toro**
女性名詞	**madre**	**niña**	**gata**	**vaca**

2 多くの名詞はその語尾によって区別できる。

❶ **-o** で終わる語は男性名詞
text**o**, libr**o**, diccionari**o**, aj**o**, pati**o**, bols**o**, cuchill**o**

❷ **-a** で終わる語は女性名詞
cas**a**, mes**a**, ventan**a**, películ**a**, oll**a**, tap**a**, reserv**a**

❸ **-dad, -tad, -ción, -sión** で終わる語は女性名詞
universi**dad**, volun**tad**, amis**tad**, can**ción**, aten**ción**, impre**sión**

❹ 例外

男性名詞	**día**	**mapa**	**idioma**	**problema**
女性名詞	**mano**	**moto**	**foto**	**radio**

❺ その他、辞書で確認すべきもの

男性名詞	**aire**	**amor**	**corazón**
女性名詞	**calle**	**flor**	**razón**

3 国籍を表す名詞（～人）。　　❗英語とは異なり小文字で始める。

❶ **男性形の語尾が -o** の場合　**-o** を **-a** に替えると女性形になる。
italiano　italian**a**　　chileno　chilen**a**　　ruso　rus**a**

❷ **男性形の語尾が子音**の場合　**-a** をつけると女性形になる。
español　españo**la**　　japonés　japones**a**　　alemán　aleman**a**

❸ **男女同形**
estadounidense, costarricense, árabe, belga, iraní

4 **男女同形の名詞**　男性・女性ともに同じ形の名詞で、冠詞（**Lección 2.4**→）によって性を区別する。語尾は **-ante, -ista, -ente**
el estudi**ante**, la estudi**ante**, el period**ista**, la period**ista**, el paci**ente**, la paci**ente**

POINT 2 名詞の数 (número de sustantivos)

ほとんどの名詞に単数形と複数形がある。

1 **単数形が母音で終わる**場合　**-s** をつける。

mesa → mesa**s**　　perro → perro**s**　　casa → casa**s**　　anillo → anillo**s**

2 **単数形が子音で終わる**場合　**-es** をつける。

pared → pared**es**　　papel → papel**es**　　canal → canal**es**　　rey → rey**es**

3 **単数形がアクセントのない母音 + -s で終わる**語は単複同形。

lunes, crisis, paraguas, virus, atlas

! 単数形が **-z** で終わる場合　**-z** を **-c** に変え、**-es** をつける。
lápiz → lápi**ces**　　pez → pe**ces**　　vez → ve**ces**　　andaluz → andalu**ces**

! 通常、複数形でしか用いられない名詞もある。
gafas, zapatos, pendientes, calcetines

! 単数形⇔複数形にする際、アクセント符号の付加や削除が必要になる場合がある。
avión→ avi**ones**　　autobús→ autob**uses**　　examen → ex**á**men**es**

POINT 3 形容詞 (adjetivos)

形容詞は多くの場合、名詞の後ろに位置し、名詞の性・数に一致する。

1 **-o** で終わる場合、**-o, -a, -os, -as**

bonito →　bonit**a**, bonit**os**, bonit**as**　　casas bonitas　　coches bonitos

2 **-o** 以外の母音で終わる場合、数の一致のみで名詞と同様に**-s** をつける。

amable →　amable**s**　　personas amables　　maestros amables

3 子音で終わる場合、数の一致のみで名詞と同様に **-es** をつける。

azul →　azul**es**　　ojos azules　casas azules
nacional →　nacional**es**　　parques nacionales　universidades nacionales

! 地名・国名を表す形容詞も上記 1 2 3 の規則に準ずる。ただし、地名・国名形容詞は、子音で終わっている場合も女性形 **-a, -as** がある。
chileno → chilen**a**　　chileno**s**　　chilen**as**　　niño chileno
español → españo**la**　　españo**les**　　españo**las**　　niñas españolas

④ 男性単数形が **-or** で終わる場合、**-or, -ora, -ores, -oras**

hablad**or** → hablad**ora**　　hablad**ores** → hablad**oras**　　chicos habladores

⑤ 語尾の脱落する形容詞。（名詞の前に位置する場合）

❶ **bueno, malo, uno** は男性単数名詞の前で **-o** が脱落する。

buen maestro　　buena maestra　　buenos maestros　　buenas maestras

❷ **grande** は単数名詞の前で **-de** が脱落する。

gran actriz　　gran escritor　　grandes actrices　　grandes escritores

POINT 4 冠詞 (artículos)

冠詞は名詞の前に位置する。　12

	定冠詞（el/la/los/las/lo）			不定冠詞（un/una/unos/unas）	
	男性	女性	中性	男性	女性
単数	**el** niño	**la** niña	**lo** bueno	**un** niño	**una** niña
複数	**los** niños	**las** niñas		**unos** niños	**unas** niñas

① 定冠詞は既出、特定の事柄を示す際に用いられ、「その…」の意味合いに相当する。

② 不定冠詞は初出の事柄を示す際に用いられ、「ある…」「いくつかの…」の意味合いに相当する。例えば **una casa**（ある一軒の家）、**la casa**（その家）、**el padre de Paco**（パコのお父さん）となる。

el hijo　　**las** casas　　**una** señora　　**unos** maestros

! アクセントのある **a** または **ha** で始まる女性名詞の単数形では、**el, un** になる。

el águila → las águilas　　**el** aula → las aulas　　**el** ave → las aves

③ 中性の定冠詞 **lo** は、**lo + 形容詞**で「〜もの、〜こと」の意味で用いられる。

lo bueno　　**lo** importante　　**lo** necesario　　**lo** interesante

POINT 5 基数詞 (números cardinales)（1）　13

0	1	2	3	4	5	6	7	8	9	10
cero	**uno**	**dos**	**tres**	**cuatro**	**cinco**	**seis**	**siete**	**ocho**	**nueve**	**diez**
11	12	13	14	15	16	17	18	19	20	
once	**doce**	**trece**	**catorce**	**quince**	**dieciséis**	**diecisiete**	**dieciocho**	**diecinueve**	**veinte**	

cinco euros　　doce pesos　　quince días　　veinte días

Práctica de Pronunciación

14

以下の文はスペイン語の refrán（ことわざ）です。声に出して何度も読んで覚えましょう。

- **Ojo por ojo, diente por diente.**

（目には目を、歯には歯を）

- **Al pan, pan, y al vino, vino.**

（パンはパン、ワインはワイン→歯に衣を着せぬ・単刀直入に）

▼Audio

Ejercicios de la Lección 2

練習 1 次の名詞について、その反対の性の名詞を答えましょう。

1. chico → (　　　　)
2. niño → (　　　　)
3. toro → (　　　　)
4. estudiante → (　　　　)
5. papá → (　　　　)
6. español → (　　　　)
7. primo → (　　　　)
8. inglés → (　　　　)

練習 2 次の名詞について、その反対の性の名詞を答えましょう。

1. perra → (　　　　)
2. mujer → (　　　　)
3. joven → (　　　　)
4. abuela → (　　　　)
5. tía → (　　　　)
6. mexicana → (　　　　)
7. reina → (　　　　)
8. canadiense → (　　　　)

練習 3 以下の名詞の単数形を複数形にしましょう。

1. gato → ( )　2. caballero → ( )
3. autor → ( )　4. jueves → ( )
5. joven → ( )　6. nación → ( )
7. japonés → ( )　8. miércoles → ( )

練習 4 以下の名詞の複数形を単数形にしましょう。

1. maestros → ( )　2. leyes → ( )
3. estaciones → ( )　4. autobuses → ( )
5. peces → ( )　6. exámenes → ( )
7. ciudades → ( )　8. finlandeses → ( )

練習 5 以下の名詞の定冠詞を答えましょう。

1. ( ) gafas　2. ( ) perro　3. ( ) mano
4. ( ) pies　5. ( ) ciudad　6. ( ) idioma
7. ( ) gente　8. ( ) aula　9. ( ) días
10. ( ) gata　11. ( ) teléfono　12. ( ) meses
13. ( ) zapatos　14. ( ) pez　15. ( ) aceite
16. ( ) televisiones　17. ( ) sol　18. ( ) examen

練習 6 以下の名詞の不定冠詞を答えましょう。

1. ( ) árbol　2. ( ) casa　3. ( ) chica
4. ( ) canción　5. ( ) ciudades　6. ( ) razón
7. ( ) mapa　8. ( ) fotos　9. ( ) día
10. ( ) niñas　11. ( ) amiga　12. ( ) extranjeros
13. ( ) secretaria　14. ( ) automóviles　15. ( ) semáforos
16. ( ) accidente　17. ( ) motos　18. ( ) opinión

練習 7 (　　) 内の形容詞を適切な形にして、読みましょう。

1. 4 mujeres (alto) ____________________
2. 2 hombres (amable) ____________________
3. 5 camisetas (negro) ____________________
4. 7 actrices (español) ____________________
5. 20 estudiantes (joven) ____________________

練習 8 以下の語句の単数形を複数形にしましょう。

1. la flor blanca (　　　　　　　　)
2. un pez azul (　　　　　　　　)
3. un sacerdote trabajador (　　　　　　　　)
4. una pregunta fácil (　　　　　　　　)
5. una silla amarilla (　　　　　　　　)
6. el aula grande (　　　　　　　　)

練習 9 以下の語句の複数形を単数形にしましょう。

1. las ciudades grandes (　　　　　　　　)
2. unas fotos antiguas (　　　　　　　　)
3. unos libros interesantes (　　　　　　　　)
4. unas dudas difíciles (　　　　　　　　)
5. las noticias internacionales (　　　　　　　　)
6. los chicos franceses (　　　　　　　　)

Lección 3 Gramática

▼Audio

POINT 1 主格人称代名詞 (pronombres personales de sujeto) 15

主語として用いられる人称代名詞。

	単数	複数
1人称	**yo**（私は）	**nosotros, nosotras**（私たちは）
2人称	**tú**（君は）	**vosotros, vosotras**（君たちは）
3人称	**él**（彼は） **ella**（彼女は） **usted**（あなたは）	**ellos**（彼らは） **ellas**（彼女らは） **ustedes**（あなたがたは）

! usted, ustedes は意味上２人称であるが、文法上３人称で扱われる。
! usted は Ud. または Vd. ustedes は Uds. または Vds.と表記される場合もある。
! 動詞が表す人称・数によって主語が判別できるので、必要のない場合、主語は省略される。

POINT 2 動詞 (verbos) ser, estar, hay

1 ser の直説法現在 16

yo	**soy**	nosotros, nosotras	**somos**
tú	**eres**	vosotros, vosotras	**sois**
él, ella, usted	**es**	ellos, ellas, ustedes	**son**

❶ **ser + 名詞**で主語の名前、職業、国籍を表す。
Soy Jorge Hernández, ecuatoriano y estudiante.
Leonardo **es** brasileño y Martín **es** peruano.

❷ **ser + 形容詞**で主語の性質(性格)、形状(容姿)を表し、形容詞は性・数一致する。
Tú **eres** simpática.　Luis **es** alto y delgado.
Las piñas de Taiwán **son** deliciosas.

❸ **ser + de + 名詞**で主語の出身、材料、所有を表す。
Somos de Venezuela.　La mesa **es** de madera.　El coche nuevo **es** de Ana.

❹ **ser + 場所・時の副詞**で事柄の起こる（催される）場所・時を表す。
La reunión **es** mañana.　La boda **es** en la catedral.

2 estar の直説法現在　17

yo	**estoy**	nosotros, nosotras	**estamos**
tú	**estás**	vosotros, vosotras	**estáis**
él, ella, usted	**está**	ellos, ellas, ustedes	**están**

❶ **estar + 形容詞または副詞**で主語の状態や変化の結果を表し、形容詞は主語に性・数一致する。

El baño **está** desocupado.　María y Ana **están** cansadas.　Los padres **están** bien.

! 大別すると **estar は一時的**な事柄を表すために用いられ、**ser は恒常的 (永続的)** な事柄を表す場合に用いられる。

Somos estudiantes y siempre **estamos** ocupados.

❷ **estar + 場所**で特定の人や物の所在を表す。

Los niños **están** en el patio.　El diccionario **está** en la mesa.

3 hay (haber)

動詞 **haber** の 3 人称単数形が **hay** で、不特定の人や物の所在を表す。

Hay unas manzanas en la nevera.
¿**Hay** una cafetería por aquí?　— Sí, **hay** una en el parque.
Hay unos bares en el centro.
¿**Hay** bancos cerca de aquí?　— Sí, **hay** unos cerca de la estación.

! **estar** は具体的な人や物の所在を表し、**hay** は不特定な人や物の所在を表す。

El bar Paco **está** en el centro.　La casa **está** lejos de la estación.

POINT 3 否定文、疑問文 (oraciones negativas e interrogativas)

1 スペイン語の語順は肯定平叙文で**主語＋動詞**、否定平叙文で**主語＋no＋動詞**が基本である。また文末のイントネーションは下がる (↘)。

Los niños están en la calle. (↘)
Isabel **no** es enfermera. (↘)

2 **疑問詞を伴わない疑問文**の語順は、平叙文の語順、**主語＋動詞**を変えなくとも良いが、**動詞＋主語**が基本である。また文末のイントネーションが上がる (↗)。

¿Son ustedes estudiantes? (↗) — Sí, somos estudiantes.
¿Sois deportistas? (↗) — No, no somos deportistas.

❗記述する際には 2 3 とも文頭に**¿**、文末に**?**を付ける。
❗肯定の返答は sí 、否定の返答は no となる。

3 **疑問詞を伴う疑問文**の語順は、**疑問詞＋動詞＋主語**が基本である。また文末のイントネーションが上がる場合 (↗) と下がる場合 (↘) がある。疑問詞には以下のものがある。

❶ **qué**
¿**Qué** son ellos? — Son estudiantes.
¿**Qué** hay en el jardín? — Hay plantas y flores.
¿Por **qué** estás aquí? ¿Estás enfermo? — Sí, estoy enfermo.

❷ **cómo**
¿**Cómo** es Alejandro? — Es pequeño y travieso.
¿**Cómo** estáis? — Estamos bien.

❸ **dónde**
¿**Dónde** estás? — Estoy en la universidad.
¿De **dónde** eres? — Soy de Kobe.

❹ **cuándo**
¿**Cuándo** estás libre? — Estoy libre hoy.
¿**Cuándo** es la fiesta? — La fiesta es mañana.

❺ **quién, quiénes**
¿**Quiénes** son ellas? — Son las hermanas de Jorge.
¿De **quién** es el coche? — Es de Ana.

❻ **cuál, cuáles**
¿**Cuál** es la capital de Uruguay? — Es Montevideo.
¿**Cuál** es el monte más famoso, el Aso o el Daisen? — Es el Aso.

❼ **cuánto, cuánta, cuántos, cuántas**
¿**Cuánto** es? — Son cinco euros.
¿**Cuántos** estudiantes hay? — Hay diez.

❗疑問詞にはアクセント符号をつける。

4 **付加疑問文**は、文末に **¿no?, ¿verdad?** などをつけ、イントネーションを上げる (↗)

Eres futbolista (↘), **¿verdad?** (↗)
Eres estadounidense (↘), **¿no?** (↗)

Práctica de Pronunciación

18

以下の文はスペイン語の refrán（ことわざ）です。声に出して何度も読んで覚えましょう。

- **A buen hambre no hay pan duro.**
  （空腹に堅いパンなし → 空き腹にまずい物なし）

- **A mal tiempo, buena cara.**
  （悪いときに良い顔 → 笑う門には福来る）

▼Audio

3

Ejercicios de la Lección 3

練習 1 次の語を主格人称代名詞に書き換えましょう。

1. María → ____________
2. José → ____________
3. Ana y Rosa → ____________
4. tú y yo → ____________
5. Andrés y Juan → ____________
6. Jorge y tú → ____________
7. Luis y Leonardo → ____________
8. Carlos y yo → ____________
9. Doña Isabel y usted → ____________
10. Julio, Ricardo y tú → ____________

練習 2 下線部に主格人称代名詞、（　　）内に **ser** 動詞の適切な活用を補いましょう。

1. Hola, ____________ soy Pedro Hernández.
2. Los estudiantes (　　　　) de Estados Unidos.
3. ____________ sois inteligentes.
4. Tú (　　　　) inocente.
5. Sofía y María (　　　　) hermanas.

6. ________ somos enfermeras.
7. El plato (   ) de plástico.
8. Gracias, señor. ________ es muy amable.
9. Los compañeros (   ) de Córdoba.
10. Las gafas (   ) de Isabel.
11. ________ somos japoneses.

練習 3 下線部に主格人称代名詞、（　　）内に estar 動詞の適切な活用を補いましょう。

1. ¿Dónde (   ) la universidad? —(   ) en Osaka.
2. ¿Estás ________ en casa? — Sí, (   ) en casa.
3. ________ estáis en el parque.
4. Nosotras (   ) en la cafetería.
5. La sopa (   ) fría.
6. ¿Estás cansada? — No, no (   ) cansada.
7. La nevera (   ) vacía.
8. Ellos no (   ) listos.
9. ¿Cómo (   ) Shakira? — ________ (   ) bien.

練習 4 （　　）内に ser, estar の適切な活用、あるいは hay を補いましょう。

1. (   ) una chica en la plaza.
2. (   ) dos vasos en la mesa.
3. Nosotros (   ) agotados.
4. En el jardín (   ) muchas flores.
5. Luisa (   ) en clase.
6. ¿Josefina (   ) hondureña?
   — No, no (   ) hondureña. (   ) peruana.
7. El dueño de la casa (   ) de viaje.
8. El profesor (   ) cálido.

9. El café (　　　　) de Brasil.
10. El chico (　　　　) alegre, pero ahora (　　　　) desanimado.
11. ¿(　　　　) manzanas en la nevera?
    — No, no (　　　　) manzanas, pero (　　　　) naranjas.

練習 5 (　　) 内に定冠詞または不定冠詞を補いましょう。

1. ¿Hay (　　　　) tazas en la mesa?
2. ¿Está (　　　　) taza en la mesa?
3. Hay (　　　　) bares cerca de la estación.
4. ¿Dónde está (　　　　) heladería Jijonenca?
5. ¿Dónde hay (　　　　) heladería cerca?
6. ¿Qué hay en (　　　　) cajón? — Hay (　　　　) lápiz.

練習 6 (　　) 内に適切な疑問詞を補いましょう。

1. ¿De (　　　　) son los nuevos estudiantes? — Son de Argentina.
2. ¿(　　　　) niños hay en el parque? — Hay cinco niños.
3. ¿(　　　　) es el examen? — Es el día 14.
4. ¿(　　　　) kilómetros hay entre Shibuya y Shinjuku?
   — Hay unos 4.
5. ¿De (　　　　) es la bicicleta? — Es de Antonio.
6. ¿(　　　　) están ustedes? — Estamos muy bien, gracias.
7. ¿(　　　　) son las chicas? — Son las hermanas de Paco.
8. ¿(　　　　) es el cumpleaños de Juana? — Es mañana.
9. ¿(　　　　) es el código postal? — Es 500-9876.
10. ¿(　　　　) es la entrada? — Son diez euros.
11. ¿(　　　　) es la capital de Perú? — Es Lima.

▼Audio

Lección 4 Gramática

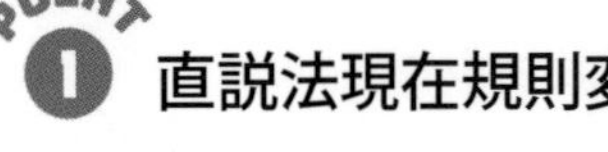

POINT 1 直説法現在規則変化動詞 (presente de indicativo)

発話時における行為や状態を表す。	Ahora **estudiamos** español.
習慣的行為を表す。	Siempre **compro** con tarjeta.
確定的な未来を表す。	Hoy **como** paella al mediodía.

すべての動詞は不定詞（原形）の語尾をもとに**-ar, -er, -ir** の３種類に分けられる。これらは主語の人称と数により変化する。

-ar (tomar, estudiar, trabajar, visitar, comprar, desayunar, bailar, cenar, cantar, escuchar, regalar, llegar, terminar, amar, viajar, preguntar, contestar, tocar など) 19

hablar			
yo	**hablo**	nosotros, nosotras	**hablamos**
tú	**hablas**	vosotros, vosotras	**habláis**
él, ella, usted	**habla**	ellos, ellas, ustedes	**hablan**

Cantamos y **bailamos** todo el día.
Tomo seis pastillas cada día.
Ellas **viajan** por Europa.

-er (beber, vender, comprender, leer, correr, creer など) 20

comer			
yo	**como**	nosotros, nosotras	**comemos**
tú	**comes**	vosotros, vosotras	**coméis**
él, ella, usted	**come**	ellos, ellas, ustedes	**comen**

El compañero Juan **come** y **bebe** demasiado.
Creemos en Dios.
¿**Leéis** el periódico todos los días? — No, no **leemos** el periódico.

③ **-ir** (escribir, abrir, recibir, partir, subir, asistir など) 21

vivir			
yo	**vivo**	nosotros, nosotras	**vivimos**
tú	**vives**	vosotros, vosotras	**vivís**
él, ella, usted	**vive**	ellos, ellas, ustedes	**viven**

Los estudiantes leen y **escriben** bien, pero no hablan.
¿Cuándo **partes**? — **Parto** esta noche.
El restaurante "Paco" **abre** todos los días.

❗動詞の活用は、アクセントの位置に留意しながら何度も声に出して覚えること。

POINT 2 前置詞 (preposiciones)

① a

❶ 方向・到達点　Hoy llegan **a** Córdoba.

❷ 直接目的語が人の場合につける　Jorge ama **a** Matilde.
Visitamos **al** director.
❗ a + el（定冠詞）→ **al**

❸ 間接目的語につける　Regalamos juguetes **a** los niños.

② con

❶ 付随　Ana vive **con** la familia.

❷ 手段　Estoy bien **con** esta medicina.

③ de

❶ 所有　Las gafas son **del** profesor Gómez.
❗ de + el（定冠詞）→ **del**

❷ 材料　Los zapatos son **de** cuero.

❸ 出身・起源　¿**De** dónde eres? — Soy **de** Nara.

④ en

❶ 空間　Estamos **en** la librería.

❷ 時　La temporada de béisbol termina **en** octubre.

❸ 交通手段　Viajamos a Francia **en** tren.

5 **desde** 空間的始点 Escribimos una carta **desde** París.
時間的始点 Trabajamos **desde** la mañana.

6 **hasta** 空間的終点 Viajamos desde Madrid **hasta** Barcelona.
時間的終点 Trabajo **hasta** muy tarde.

7 **por**

❶ 原因・理由 ¿**Por** qué no estudias bien? Gracias **por** la ayuda.

❷ 時間帯 Trabajo **por** la noche. Esos jugadores siempre corren **por** la mañana.

8 **para** 目的

El tabaco no es bueno **para** la salud. Hay un autobús **para** Salamanca.

9 **sin** 欠如

Partimos **sin** desayunar. Siempre viajamos **sin** maletas.

10 **entre** 2つ以上の事物の間

El monte Fuji está **entre** Shizuoka y Yamanashi.

POINT 3 前置詞＋人称代名詞 (preposiciones + pronombres personales) 22

	単数	複数
1人称	**mí**	**nosotros, nosotras**
2人称	**ti**	**vosotros, vosotras**
3人称	**usted, él, ella**	**ustedes, ellos, ellas**

1 前置詞の後に置かれる人称代名詞で、1人称の **mí** と2人称の **ti** 以外は主格人称代名詞と同じ。

Viajas **con ellos**. La carta no es **para mí**.
Creo **en ti**. Las flores son **para vosotras**.

❢前置詞 **entre** は例外的に1人称・2人称単数も主格人称代名詞をとる。
Entre **tú** y **yo** no hay problema.

2 前置詞 **con** が **mí** 及び **ti** と一緒に用いられる場合は、それぞれ **conmigo, contigo** となる。
Ella siempre estudia **conmigo**. **Contigo** pan y cebolla.

Práctica de Pronunciación

23

以下の文はスペイン語の refrán（ことわざ）です。何度も声に出して読んで覚えましょう。

- **La mala hierba crece mucho.**
  （雑草は良く育つ → 憎まれっ子世にはばかる）

- **Matar dos pájaros de un tiro.**
  （一投で二羽の鳥を仕留める → 一石二鳥）

▼Audio

4

Ejercicios de la Lección 4

練習 1 （　　）内の動詞を適切な直説法現在形にしましょう。

1. Ellas (tomar) ＿＿＿＿＿＿＿＿ quince días de vacaciones.
2. ¿(cantar, vosotros) ＿＿＿＿＿＿＿＿ bien?
   — Sí, (cantar)＿＿＿＿＿＿＿＿ bien.
3. Los compañeros (viajar) ＿＿＿＿＿＿＿＿ por Norteamérica.
4. ¿(vivir, tú) ＿＿＿＿＿＿＿＿ cerca de la estación?
   — No, no (vivir)＿＿＿＿＿＿＿＿ cerca.
5. Juana y María (asistir) ＿＿＿＿＿＿＿＿ a la clase de Economía.
6. (viajar, ella) ＿＿＿＿＿＿＿＿ 20 días.
7. (preguntar, nosotros) ＿＿＿＿＿＿＿＿ a la profesora.
8. No (bailar, yo) ＿＿＿＿＿＿＿＿ bien.
9. ¿Dónde (comer, tú) ＿＿＿＿＿＿＿＿ normalmente?
10. ¿(tocar, tú) ＿＿＿＿＿＿＿＿ la guitarra?
    — Sí, (tocar) ＿＿＿＿＿＿＿＿ la guitarra un poco.

11. Ellos y yo (vender) ______________ pan en la cafetería.

12. Pronto (abrir, nosotros) ______________ un negocio en el mercado.

13. El perro (beber) ______________ agua.

14. ¿(leer, tú) ______________ el periódico todos los días?

— No. (leer) ______________ el periódico de vez en cuando.

練習 2 適切な前置詞（句）を選びましょう。

1. Los niños están (*a, en, de*) el patio (*de, con, en*) las mamás.
2. El vaso es (*en, con, de*) plástico.
3. Ellos llegan (*en, a, para*) bicicleta.
4. Nicaragua está (*en, a, entre*) Honduras y Costa Rica.
5. Ricardo no estudia (*en, con, desde*) los compañeros.
6. No es muy importante (*para mí, para mi, para yo*).
7. La maleta es (*de, en, conmigo*) la chica.
8. Es bueno trabajar (*con ti, contigo, con tú*), compañero.
9. Paseamos (*por, de, sin*) el río.

練習 3 以下の質問に答えましょう。

1. ¿De dónde eres?

____

2. ¿Qué estudias en la universidad?

____

3. ¿Cuántas lenguas hablas?

____

4. ¿Cuántos estudiantes hay en este grupo?

____

5. ¿Qué cenas hoy?

____

6. ¿Tocas el piano?

____

練習 4 下線部が答えの中心となるように、疑問詞を使った疑問文を作りましょう。

1. ¿______________________________ (vosotros)?

— Estudiamos <u>en la biblioteca</u>.

2. ¿______________________________ (tú)?

— Trabajo <u>con Juan</u>.

3. ¿______________________________ (ustedes)?

— Vivimos <u>en Osaka</u>.

El Mar Caribe

Lección 5 Gramática

▼Audio

POINT 1 接続詞 (conjunciones)

1 y (e)　「〜と」「そして」接続詞 **y** は **i- , hi-** で始まる語の前で **e** になる。

Las cuatro estaciones del año son: primavera, verano, otoño **e** invierno.

Ana **y** Carmen son madre **e** hija.

2 o (u)　「〜か」「または」接続詞 **o** は **o-, ho-** で始まる語の前で **u** になる。

¿Eres de Perú **o** de Colombia?

¿Es alemán **u** holandés?

3 ni　「〜も〜ない」接続詞 **y** の否定形

Ella no come carne **ni** pescado.

4 pero　「しかし」

El coche es pequeño, **pero** cómodo.

5 porque「なぜなら」

¿Por qué estudias? — **Porque** hay examen.

POINT 2 基数詞 (números cardinales)（2） 24

0	**cero**	17	**diecisiete**	40	**cuarenta**
1	**uno(a)**	18	**dieciocho**	50	**cincuenta**
2	**dos**	19	**diecinueve**	60	**sesenta**
3	**tres**	20	**veinte**	70	**setenta**
4	**cuatro**	21	**veintiuno(a)**	80	**ochenta**
5	**cinco**	22	**veintidós**	90	**noventa**
6	**seis**	23	**veintitrés**	100	**cien**
7	**siete**	24	**veinticuatro**	101	**ciento uno(a)**
8	**ocho**	25	**veinticinco**	102	**ciento dos**
9	**nueve**	26	**veintiséis**	103	**ciento tres**
10	**diez**	27	**veintisiete**	110	**ciento diez**
11	**once**	28	**veintiocho**	200	**doscientos(as)**
12	**doce**	29	**veintinueve**	300	**trescientos(as)**
13	**trece**	30	**treinta**	400	**cuatrocientos(as)**
14	**catorce**	31	**treinta y uno(a)**	500	**quinientos(as)**
15	**quince**	32	**treinta y dos**	600	**seiscientos(as)**
16	**dieciséis**	33	**treinta y tres**	700	**setecientos(as)**

800	**ochocientos(as)**
900	**novecientos(as)**
1000	**mil**
2000	**dos mil**
10 000	**diez mil**
11 000	**once mil**

21 000	**veintiún(una) mil**
100 000	**cien mil**
200 000	**doscientos(as) mil**
1 000 000	**un millón**
2 000 000	**dos millones**
10 000 000	**diez millones**

5

1 **uno** は男性名詞の前で **un**、女性名詞の前で **una** になる。

veinti**ún** años　　treinta y **una** estudiantes

2 100 は **cien** だが 101 以上は **ciento** になる。

ciento veinte alumnos　　**ciento** sesenta páginas　　**cien** casas

3 200-900 のみ、性の変化がある。

trescientas veintiuna hojas　　**ochocientas** personas

4 **mil** は複数形にしない。

mil estudiantes　　dos **mil** veintidós　　diez **mil** yenes

5 **millón** は複数形があり（**millones**)、名詞と結ぶ場合には **de** が必要である。

un **millón de** dólares　　cien **millones de** habitantes

6 接続詞 **y** は 10 の位と 1 の位をつなぐ場合にのみ使用する。

mil novecientos setenta **y** tres　　dos mil treinta **y** uno

❗3 桁ごとの区切りはスペースで表す。　5 320 000
但し、1000 から 9999 はスペースを入れない。

❗小数点はピリオドで表し、コンマを用いることもある。
3.5%は **tres punto cinco por ciento** または 3,5% **tres coma cinco por ciento** と読まれる。

POINT 3 序数詞 (números ordinales)　25

第 1 の	**primero/primer**	**primera**
第 2 の	**segundo**	**segunda**
第 3 の	**tercero/tercer**	**tercera**
第 4 の	**cuarto**	**cuarta**
第 5 の	**quinto**	**quinta**

第 6 の	**sexto**	**sexta**
第 7 の	**séptimo**	**séptima**
第 8 の	**octavo**	**octava**
第 9 の	**noveno**	**novena**
第 10 の	**décimo**	**décima**

1 基本的に名詞の前に位置し、名詞の性・数に一致する。

El bateador llega a la **tercera** base.
Leemos el **séptimo** capítulo.
Las **primeras** obras de Cervantes no son famosas.

2 **primero, tercero** は男性単数名詞の前で語尾 **-o** が脱落する。

En el **primer** piso vive Alfredo y en el **segundo** Alejandro.
La habitación de Alfonso está en el **tercer** piso.

3 国王、教皇など「…世」、また世紀も第 10 まで序数詞で表され、第 11 以降は基数詞で表現される。

Fernando **II** e Isabel **I**　　las ruinas del siglo **XII**

4 分数を表す際、分母には序数詞の男性形を用いる。

1/4 un **cuarto**　　3/4 tres **cuartos**　　1/5 un **quinto**

! 但し 1/2、1/3 は異なる。

1/2 un medio　1/3 un tercio

POINT 4 所有詞 (posesivos)（1）（所有形容詞前置形）　26

私の	**mi / mis**	私たちの	**nuestro, nuestra / nuestros, nuestras**
君の	**tu / tus**	君たちの	**vuestro, vuestra / vuestros, vuestras**
彼の 彼女の あなたの	**su / sus**	彼らの 彼女らの あなた方の	**su / sus**

¿Dónde está **tu** hija? — **Mi** hija está en la escuela.
¿Señora, cuáles son **sus** lentes? — **Mis** lentes no están aquí.

Práctica de Pronunciación

27

以下の文はスペイン語の refrán（ことわざ）です。何度も声に出して読んで覚えましょう。

- **La tercera es la vencida.**
  （三度目が克服に当たる → 三度目の正直）

- **Agua pasada no mueve molino.**
  （過ぎてしまった水で水車は動かせない → 覆水盆に返らず）

▼Audio

Ejercicios de la Lección 5

練習 1 適切な接続詞 **y, e, o, u, ni, pero** を選びましょう。

1. Ana (*y　o　pero*) yo somos estudiantes.
2. ¿De dónde es Somchai? ¿Es tailandés (*o　u　pero*) hondureño?
3. Por el problema del sistema no funciona el teléfono (*y　o　ni*) el wifi.
4. La anciana es pobre, (*pero　o　ni*) feliz.
5. ¿Dónde estudias siempre? ¿En casa (*e　o　ni*) en la biblioteca?
6. ¿Dónde están Carmen (*y　o　e*) Isabel?
   — Isabel está en la escuela (*y　o　ni*) Carmen está en casa.

練習 2 以下の数字をスペイン語で綴り、読みましょう。

1. 26 niños ______________________
2. 37 sillas ______________________
3. 76 coches ______________________
4. 100 libros ______________________
5. 300 hojas ______________________
6. 538 páginas ______________________
7. 710 ejemplos ______________________
8. 800 años ______________________

9. El año 1945 ______

10. 258 000 personas ______

11. 15 000 000 de euros ______

練習 3 下線部をスペイン語で綴り、全文を読みましょう。

1. 100 cm son iguales a 1 m.　(centímetros, metro)

______ ______

2. El 40 % de la población vive en la región metropolitana.　(por ciento)

______

3. El promedio de la temperatura es de 21 ºC.　(grados)

______

4. 580 000 000 de personas hablan español en el mundo y es el 7.6 % de la población mundial.

______

______

5. La superficie de Guatemala es de 15 750 km^2.　(kilómetros cuadrados)

______

6. El precio del gramo de oro es 54.3 euros.

______

7. Un minuto es igual a 60 segundos.

______

8. Una milla es igual a 1600 m.

______

9. Una libra es igual a 454 gramos.

______

10. La velocidad máxima actual del tren bala de Japón es de 320 km/h.
(kilómetros por hora)

______

練習 4 下線部をスペイン語で綴り、全文を読みましょう。

1. Alfonso X

____

2. El siglo XXI

____

3. El VIII aniversario

____

4. La 3.ª división de la liga

____

5. Colombia logra el 2.° puesto en la Copa Mundial.

____

練習 5 空欄に適切な所有詞を補いましょう。

1. 私の兄たち ______________ hermanos
2. 彼女の祖国 ______________ patria
3. 私たちの母 ______________ madre
4. 彼女の恋人 ______________ novio
5. 彼らの両親 ______________ padres
6. 君たちの町 ______________ ciudad
7. 彼女らの父 ______________ padre
8. 君の眼鏡 ______________ gafas

▼Audio

Gramática

直説法現在不規則変化動詞 (verbos irregulares)（1）

1人称単数が -zco で終わる動詞　28

conocer	
conozco	conocemos
conoces	conocéis
conoce	conocen

ofrecer (ofrezco)

traducir	
traduzco	traducimos
traduces	traducís
traduce	traducen

producir (produzco), conducir (conduzco)

¿**Conoces** a Juan Luis?　— Sí, es mi compañero.
¿**Conduces** a diario?　— Sí, llego al trabajo en coche.
Ofrecemos un servicio especial en el hotel.
Producimos aproximadamente 100 000 baterías.
La profesora **traduce** muchos libros del español al japonés.

1人称単数が -go で終わる動詞

29

poner	
pongo	ponemos
pones	ponéis
pone	ponen

salir	
salgo	salimos
sales	salís
sale	salen

hacer	
hago	hacemos
haces	hacéis
hace	hacen

¿**Pones** la mesa?　— Sí, **pongo** la mesa en seguida.
¿**Haces** ejercicio?　— Sí, **hago** ejercicio cada día.
Miles de personas **salen** a la calle.

traer	
traigo	traemos
traes	traéis
trae	traen

caer (caigo) など

¿**Traes** la cámara?
— No, pero **traigo** el móvil.
En el norte del país **cae** nieve.

3 その他 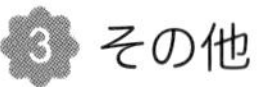 30

dar	
doy	**damos**
das	**dais**
da	**dan**

saber	
sé	**sabemos**
sabes	**sabéis**
sabe	**saben**

Damos un paseo por la orilla.
¿Usted **sabe** conducir? — Sí, **sé** conducir, pero no muy bien.
Antonio **sabe** mucho de la historia española.

! saber + 不定詞で「(能力として) ～できる」。

ver	
veo	**vemos**
ves	**veis**
ve	**ven**

No **veo** bien sin gafas.
Vemos una película chilena.
Veo las noticias en la televisión.

POINT 2 副詞 (adverbios)

1 -mente の副詞

形容詞の女性単数形に **-mente** をつける。**-o** 以外の子音や母音で終わる語はそのまま **-mente** をつける。

lento → lent**amente**　　duro → dur**amente**
suave → suave**mente**　　igual → igual**mente**

2 時の副詞・頻度の副詞

anteayer　ayer, anoche　hoy, ahora　mañana　pasado mañana

←――――――――――|――――――――――→

Hoy trabajo y **mañana** estudio en la universidad.
(En una cafetería) Un vaso de agua, por favor. — Sí, **ahora** mismo.

siempre	casi siempre normalmente	a menudo frecuentemente	a veces	casi nunca	nunca

←――――――――――――――――――――――――――――――――→

Siempre traigo el diccionario a las clases.
Hablamos de política **a veces**.

POINT 3 指示詞 (demostrativos)

1 指示形容詞（指示形容詞＋名詞で指示形容詞は名詞の性数に一致する。） 31

	近称（この）		中称（その）		遠称（あの）	
	単数形	複数形	単数形	複数形	単数形	複数形
男性形	**este** libro	**estos** libros	**ese** libro	**esos** libros	**aquel** libro	**aquellos** libros
女性形	**esta** casa	**estas** casas	**esa** casa	**esas** casas	**aquella** casa	**aquellas** casas

Este bolígrafo es muy caro y **ese** bolígrafo es barato.
Aquellas casas son muy tradicionales.

2 指示代名詞（指し示す名詞の性数に一致する。） 32

	近称（これ）		中称（それ）		遠称（あれ）	
	単数形	複数形	単数形	複数形	単数形	複数形
男性形	**este**	**estos**	**ese**	**esos**	**aquel**	**aquellos**
女性形	**esta**	**estas**	**esa**	**esas**	**aquella**	**aquellas**
中性形	**esto**		**eso**		**aquello**	

Este bolígrafo es muy caro y **ese** es barato.
¿Qué es **esto**? — Es una verdura amarga.
Juan habla japonés muy bien. — Sí, **eso** es verdad.

3 指示副詞

❶ 近称 aquí「ここに」、中称 ahí「そこに」、遠称 allí「あそこに」
❷ 近称 acá「こちらへ」、遠称 allá「あちらへ」

Aquí, en esta mesa, hay libros, pero **allí** no.
¿Hay un asiento libre **ahí**? — No, **aquí** no hay.
(Por teléfono)
¿Hablamos por Zoom ahora? — No, no es necesario. Mañana viajo para **allá**.

Práctica de Pronunciación

33

以下の文はスペイン語の refrán（ことわざ）です。何度も声に出して読んで覚えましょう。

- **Agua tranquila no hace ruido.**
  （静かな海は音を立てない → 大海波立たず＝能あるタカは爪をかくす）

- **El hábito hace al monje.**
  （法衣を着て僧になる → 馬子にも衣裳）

▼Audio

6

Ejercicios de la Lección 6

練習 1 （　　）内の動詞を適切な直説法現在形にしましょう。

1. ¿ (conocer, tú) ______________ a la profesora Ana?
   — Sí. Ella (dar) ______________ clases de español en mi universidad.
2. No (conocer, yo) ______________ Perú.
3. ¿Qué (hacer, tú) ______________?
   — Todavía no termino el trabajo y (hacer) ______________ una revisión.
4. No (ver, nosotros) ______________ telenovelas.
5. Esteban y Mónica (traducir) ______________ los textos del alemán al español.
6. ¿(saber) ______________ esquiar usted?
   — No, no (saber) ______________ esquiar.
7. (ofrecer, nosotros) ______________ una cena a la profesora.
8. Por la tarde (salir, yo) ______________ con mis amigos.
9. (traer, yo) ______________ una botella de vino.
   ¿Y tú, qué (traer) ______________?
10. ¿Dónde (ver, nosotros) ______________ el partido?
11. Ellos y yo (hacer) ______________ ejercicios todos los días.
12. ¿(poner, nosotros) ______________ la mesa? — Sí, por favor.

練習 **2** 以下の形容詞を -mente の副詞にしましょう。

1. cuidadoso → ______________________
2. perfecto → ______________________
3. mental → ______________________
4. lamentable → ______________________
5. afortunado → ______________________
6. mundial → ______________________
7. inmediato → ______________________
8. real → ______________________

練習 **3** 以下の文の中から副詞（句）を選びましょう。

1. (*Ayer, A veces, Anteayer*) yo estudio en la biblioteca, pero Elena (*siempre, igualmente, lentamente*) está aquí.
2. (*Casi, Suavemente, Siempre*) traigo el diccionario a clase, pero los compañeros no traen el diccionario y buscan palabras en su iPhone.
3. En Osaka (*igualmente, a menudo, anteayer*) comemos Okonomiyaki, Yakisoba o Udon.
4. (*Mentalmente, Normalmente, Duramente*) desayuno pan, pero hoy como cereales.
5. Feliz Navidad.

   — Gracias, (*lentamente, normalmente, igualmente*) para ti.

練習 4 指示形容詞を用いて次の日本語をスペイン語にしましょう。

1. あの少女ら ______________________________

2. そのネクタイ ______________________________

3. この眼鏡 ______________________________

4. あの山 ______________________________

5. その靴 ______________________________

6. あの日 ______________________________

練習 5 下線部に指示代名詞または指示形容詞をあてはめましょう。

1. ¿Qué es ______________ en tu cuello?
君の首にあるそれは何ですか？
— Es un collar nuevo.
新しいネックレスです。

2. ______________ es Carlos y ______________ es doña Isabel.
こちらがカルロスで、あちらがイサベルさんです。

3. ¿De quién es ______________ maleta?
このスーツケースは誰のものですか？
— Es la maleta de Toño.
それはトーニョのスーツケースです。

4. ¿De quién son ______________ gafas?
この眼鏡は誰のものですか？

5. ______________ es el campo de mi abuelo y ______________ montaña también.
それは私の祖父の畑で、あの山もまたそうだ。

▼Audio

Gramática

1 直説法現在不規則変化動詞 (verbs irregulares)（2） 34

pensar (e → ie)	
pienso	pensamos
piensas	pensáis
piensa	piensan

cerrar (cierro, cierras...), comenzar (comienzo, comienzas...), empezar (empiezo, empiezas...) entender (entiendo, entiendes...), querer (quiero, quieres...), sentir (siento, sientes...)

Pienso mucho en ti.
Sentimos mucho frío.
Quiero trabajar en una agencia de viajes.　　! querer + 不定詞で「～したい」。

contar (o → ue)	
cuento	contamos
cuentas	contáis
cuenta	cuentan

encontrar (encuentro...), poder (puedo...), soler (suelo...), volver (vuelvo...), dormir (duermo...), morir (muero...), costar (cuesta, cuestan)

No **podemos** ir a la fiesta esta noche.　　! poder + 不定詞で「～できる」。
¿**Puedes** repetir otra vez?
¿Cuándo **vuelves** a casa? — **Vuelvo** mañana por la mañana.
¿Cuánto **cuesta** un kilo de queso en Japón? — **Cuesta** 2000 yenes.

pedir (e → i)	
pido	pedimos
pides	pedís
pide	piden

seguir (e → i)	
sigo	seguimos
sigues	seguís
sigue	siguen

repetir (repito...), servir (sirvo...), vestir (visto...)

Yo **pido** un café. ¿Qué quiere tomar usted?
Estas computadoras **sirven** mucho para el trabajo.
Mi hija **sigue** con gripe.

construir (ui → uy)	
construyo	construimos
construyes	construís
construye	construyen

destruir (destruyo...)

¿Cuándo **construyen** la nueva autopista?
— **Construyen** la nueva autopista el próximo año.

jugar (u → ue)	
juego	**jugamos**
juegas	**jugáis**
juega	**juegan**

Jugamos a las cartas esta noche.
Juego al fútbol desde pequeño.

POINT 2 間接目的格人称代名詞 (pronombres de objeto indirecto) 35

	単数	複数
1人称	**me**（私に）	**nos**（私たちに）
2人称	**te**（君に）	**os**（君たちに）
3人称	**le**（彼に、彼女に、あなたに）	**les**（彼らに、彼女らに、あなたがたに）

¿La profesora Ana **te** enseña inglés?
— No, no **me** enseña inglés. **Me** enseña español.
La próxima semana es el cumpleaños de Paty. — ¿Qué **le** regalamos?

POINT 3 直接目的格人称代名詞 (pronombres de objeto directo) 36

	単数	複数
1人称	**me**（私を）	**nos**（私たちを）
2人称	**te**（君を）	**os**（君たちを）
3人称	**lo, la**（彼を、彼女を、あなたを、それを）	**los, las**（彼らを、彼女らを、あなたがたを、それらを）

¿**Me** esperáis un momento? — Sí, **te** esperamos en el pasillo.
¿Conoces a Dolores? — No, no **la** conozco.

! **lo** は上記の意味以外では「そのこと」も意味し、抽象的な事柄を表す場合もある。
Lo siento, pero no puedo.

1 目的格人称代名詞は活用される動詞の前に位置し、間接と直接が重複する場合は**間接・直接の順**になる。
¿**Te** cuento un secreto? — A ver, ¿qué **me** cuentas?
¿**Me** pasas la sal? — Sí, **te la** paso ahora.

2 目的格人称代名詞がいずれも３人称の場合には、間接目的格人称代名詞が **se** になる。
¿Escriben ustedes cartas **a sus** padres? — No, no **se las** escribimos.

3 不定詞がある場合、目的格人称代名詞は不定詞の語末につける。または、活用した動詞の直前につけることもできる。
Quiero comprar una casa. → Quiero compra**rla**. / **La** quiero comprar.

POINT 4 日時の表現 (fechas y horarios)

1 時刻

¿Qué hora es?
— Son las tres y media de la mañana. — Es la una en punto.
— Son las cuatro menos cuarto. — Son las dos y cuarto de la tarde.
¿A qué hora cenan ustedes? — Cenamos a las ocho de la noche.

2 曜日 37

lunes	martes	miércoles	jueves	viernes	sábado	domingo

¿Qué día es hoy? — Hoy es **lunes**.
Los **sábados** por la mañana jugamos al baloncesto.

3 日付 38

enero	febrero	marzo	abril	mayo	junio
julio	agosto	septiembre	octubre	noviembre	diciembre

¿A cuántos estamos hoy? — Estamos a uno (primero) de **enero**.
El 25 de **febrero** hacemos una fiesta con los compañeros de clase.

4 季節 39

primavera	verano	otoño	invierno

En **invierno** necesitamos estufa.
Este **verano** no necesitamos aire acondicionado.

POINT 5 音節分け (sílabas) (←Lección 1)

単母音・二重母音・三重母音は 1 つの母音として扱い、二重子音（**ch, ll, rr** を含む）も 1 つの子音として扱う。

1 母音と母音の間にある 1 子音は後ろの母音につく。

ca**m**a → ca-**m**a　　do**bl**e → do-**bl**e

2 母音と母音の間に子音が 2 つ以上あれば、1 子音は後ろの母音につき、あとは前の母音につく。

alu**mn**os → a-lu**m**-**n**os　　i**ngl**és → i**n**-**gl**és
i**nst**ante → i**ns**-**t**an-te　　o**bst**áculo → o**bs**-**t**á-cu-lo

音節分けを理解したうえでアクセントの位置を再確認すると、

❶ 母音または -n, -s で終わる語は後ろから 2 番目の音節を強く発音する。

❷ -n, -s 以外の子音で終わる語は最終音節を強く発音する。

❸ 上記 ❶❷ 以外の場合にはアクセント符号が必要であり、その音節を強く発音する。

Práctica de Pronunciación

40

以下の文はスペイン語の refrán（ことわざ）です。何度も声に出して読んで覚えましょう。

- **Pierdes el dinero, adiós el amor.**
  （金がなくなると恋もさようなら → 金の切れ目が縁の切れ目）
- **Sangre buena no puede mentir.**
  （貴族が嘘をつくはずがない → 腐っても鯛）
- **A Juan no le tocan más que huesos.**
  （フアンには骨だけしか当たらない → 縁の下の力持ち）

▼Audio

7

Ejercicios de la Lección 7

練習 1 （　　）内の動詞を適切な直説法現在形にしましょう。

1. ¿Cuántas horas (dormir, tú) ________ normalmente?
   — En general (dormir) ________ siete horas más o menos.
2. ¿Qué (querer, ustedes) ________ hacer esta tarde?
   — (querer) ________ ir al cine.
3. ¿A qué hora (comenzar) ________ el juego?
   — Ya (comenzar) ________ pronto.
4. Los niños (repetir) ________ los mismos errores.
5. El Internet (seguir) ________ sin conexión.
6. ¿Cuándo (jugar) ________ los Tigres?
   — (jugar)________ hoy.
7. ¿Qué (soler) ________ desayunar los japoneses?
   — Arroz o pan.
8. ¿Ustedes (entender) ________ estas frases?
9. ¿Qué (pedir, vosotros) ________ para tomar?
   — (pedir) ________ agua.
10. ¿(poder, tú) ________ repetir tu nombre otra vez?
    — Claro que sí.

練習 2 例のように下線部を間接または直接目的格人称代名詞に書き換えましょう。

ejemplo) El médico me muestra la foto. → El médico me la muestra.

1. La señora vende empanadas a los estudiantes.

→ ____________________

2. Los niños compran los pasteles.

→ ____________________

3. ¿Me das una bolsa?

→ ____________________

4. Los niños escriben una carta a los Reyes Magos.

→ ____________________

5. Quiero ver a mi abuela.

→ ____________________

6. Espero a las estudiantes.

→ ____________________

7. Quiero pedirles una cosa (a ustedes).

→ ____________________

練習 3 空欄に目的格人称代名詞をあてはめて文を完成させましょう。

1. ¿Me prestas estas revistas?

— Sí, ________ ________ presto.

2. ¿Quién te invita a la fiesta?

— ________ invita doña María porque quiere hablar conmigo.

3. ¿Nos puede usted traer la cuenta?

— Sí, señorita. ________ ________ traigo ahora mismo.

4. ¿Me prestas la bicicleta?

— No, no ________ ________ presto, esta tarde salgo en bicicleta.

練習 4 次の質問に答えましょう。

1. ¿Qué hora es?

2. ¿A qué hora desayunas normalmente?

3. ¿A cuántos estamos hoy?

4. ¿Qué días de la semana estudias español?

5. ¿Cuándo es tu cumpleaños?

練習 5 以下の語を音節に分け、アクセントのある音節に印をつけ、音読しましょう。

ejemplo) **aguacate** **a gua (ca) te**

1. papel ______ ______
2. cielo ______ ______
3. restaurante ______ ______ ______ ______
4. compran ______ ______
5. constante ______ ______ ______
6. universidad ______ ______ ______ ______ ______
7. nariz ______ ______
8. vergüenza ______ ______ ______
9. pingüino ______ ______ ______
10. diecinueve ______ ______ ______ ______

▼Audio

Gramática

POINT 1 直説法現在不規則変化動詞 (verbos irregulares)（3） 41

tener	
tengo	**tenemos**
tienes	**tenéis**
tiene	tienen

venir	
vengo	**venimos**
vienes	**venís**
viene	vienen

El bebé **tiene** un poco de fiebre.
Tengo frío.
¿Cuántos años **tienes**? — **Tengo** 19 años.
¿De dónde **venís**? — **Venimos** de la República Dominicana.
¿**Tienes** moto? — Sí, la **tengo**.

decir	
digo	**decimos**
dices	**decís**
dice	dicen

oír	
oigo	**oímos**
oyes	**oís**
oye	oyen

¿Qué **dices**? ¿Puedes repetir en voz alta?
¿Qué te **dicen** tus padres? — Me **dicen**: "Cuidado con los coches".
¿Me **oyes**? — Sí, te **oigo** bien.
Mi tía no **oye** bien. — Mis abuelos tienen 80 años, pero **oyen** bien.

ir	
voy	vamos
vas	vais
va	van

¿Adónde (=A dónde) **vas**? — **Voy** al colegio.
Los domingos por la mañana **vamos** a la iglesia.
¿Qué **vais a hacer** esta noche? — **Vamos a hacer** una fiesta.

! ir a + 不定詞　で**未来**を表す（上記の例）。下記の例は**勧誘**を表す。

Vamos a repetir y **a aprender** las conjugaciones de los verbos.

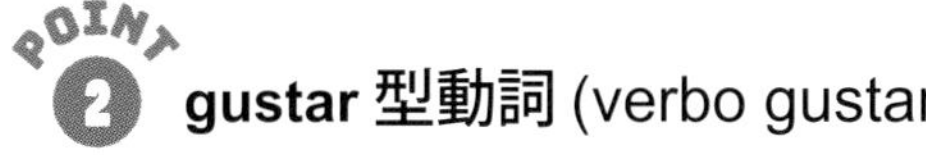

gustar 型動詞 (verbo gustar)

スペイン語の語順は、平叙文は<主語＋述語（動詞）>が基本であるが、**gustar** 型動詞は<間接目的格人称代名詞＋**gustar**＋主語>の順が基本となる。

間接目的語	間接目的格 人称代名詞	**gustar** 型動詞	主語
(A mí)	me		
(A ti)	te	**gusta**	la pintura.
(A él / A ella / A usted/ A José)	le		
(A nosotros/as)	nos		
(A vosotros/as)	os	**gustan**	los animales.
(A ellos / A ellas / A ustedes / A los niños)	les		

同類の動詞（encantar, pasar, importar, parecer, apetecer, doler, molestar, interesar）

A los japoneses nos **gusta** el béisbol.
¿Te **gusta** conducir? — A mí no mucho.
¿Qué te **pasa**? — Me **duele** el estómago.
¿Le **importa** esperar un momento? — No, no me **importa**.
¿Qué le **parece** a usted este programa? — ¡Genial!
¿A ustedes les **apetece** tomar café? — A mí sí, gracias.

! caerle bien / mal「対象となる人物（caer の主語）」に対して良い／悪い印象を持つ。
A los estudiantes les **cae bien** la nueva profesora.
Me **cae** muy **mal** aquel político.

再帰動詞 (verbos reflexivos) 42

bañarse			
yo	**me baño**	nosotros, nosotras	**nos bañamos**
tú	**te bañas**	vosotros, vosotras	**os bañáis**
él, ella, usted	**se baña**	ellos, ellas, ustedes	**se bañan**

1 直接再帰　再帰代名詞 (**me, te, se, nos, os, se**) が他動詞の直接目的となり、「自らを～する」という意味になる。

Guillermo **se levanta** a las cinco.

Me acuesto a las once.

¿Cómo **se llama** usted?　— **Me llamo** Pedro Moreno.

2 間接再帰　再帰代名詞が他動詞の間接目的となり、身体名詞や衣服などを直接目的語としてとる。

Pedro **se lava** los dientes antes de salir.

Me corto las uñas una vez a la semana.

Nos quitamos los zapatos aquí.

Me pongo la corbata todos los días.

3 相互再帰　主語は複数で「互いに～する」という意味になる。

Nos queremos mucho, por eso no **nos peleamos**.

Nos comunicamos con frecuencia.

4 強意や転意　動詞の意味を強めたり変えたりする。

Me muero de hambre.

Ana **se come** un pastel completo.

Ya **me voy** porque mañana tengo clase desde las nueve.

Pepe **se parece** mucho a su papá.

! 再帰動詞を不定詞として用いる際、再帰代名詞（me, te, se, nos, os, se）は、主語の人称に合ったものを不定詞の直後に付ける（不定詞+再帰代名詞)。

Quiero **levantarme** temprano.

Tenemos que **lavarnos** las manos.

¿Podemos **tutearnos**?　— Claro que sí.

María se peina después de **bañarse**.

Me baño antes de **acostarme**.

Práctica de Pronunciación

43

以下の文はスペイン語の refrán（ことわざ）です。何度も声に出して読んで覚えましょう。

- **Tienes a tu hijo muerto y el apio está en el huerto.**
  （息子が亡くなってから、菜園にセロリを植える → 泥棒を捕らえて縄をなう）
- **El médico mal se cura a sí mismo.**
  （医者は自分自身の治療は下手だ → 医者の不養生）
- **Las paredes oyen.**
  （壁は聞いている → 壁に耳あり、障子に目あり）

▼Audio

8

Ejercicios de la Lección 8

練習 1 （　　）内の動詞を適切な直説法現在形にしましょう。

1. ¿Cuántos nietos (tener) ________ tus abuelos?
2. (oír, nosotros) ________ la radio en el auto.
3. ¿De dónde (venir) ________ ustedes?
   — (venir) ________ de Paraguay.
4. Ya (venir) ________ las vacaciones.
   ¿Adónde (ir) ________ ustedes?
5. ¿(tener, tú) ________ mascota?
   — Sí, (tener) ________ una perra.
6. Otra vez y más alto, por favor, es que no te (oír, yo) ________ bien.
7. (ir, nosotros) ________ a salir hoy a las 8.
8. Te lo (decir, yo) ________ de todo corazón.
9. Los niños (ir) ________ al colegio de lunes a viernes.
10. ¿Adónde (ir, tú) ________ a ir de vacaciones?
    — (ir) ________ a viajar por los países del mar Caribe.

練習 2 [　　] 内に代名詞を補い、（　　）内の動詞を適切な直説法現在形にしましょう。

1. ¿Te (gustar)__________ el cebiche?

   — Sí, me (gustar)__________.

2. ¿Os (gustar)__________ los animales?

   — No, no nos (gustar)__________ mucho.

3. Les (gustar)__________ pescar en el mar.

4. ¿Te (gustar)__________ hacer ejercicios?

   — No, no me (gustar)__________ mucho.

5. A Carmen [　　] (gustar)__________ leer.

6. A ustedes [　　] (encantar)__________ jugar al baloncesto, ¿cierto?

7. A mi abuela [　　] (doler)__________ mucho las rodillas.

8. ¿A ti no [　　] (molestar)__________ el ruido de fuera?

9. ¿A usted [　　] (molestar)__________ bajar el volumen?

10. No me (gustar)__________ los deportes, solo me (interesar)

    __________ ver el tenis.

練習 3 （　　）内の再帰動詞を適切な直説法現在形にしましょう。

1. ¿A qué hora (levantarse, tú)__________ normalmente?

   — (levantarse)__________ a las siete y cuarto.

2. Inés (lavarse)__________ la cara con jabón antes de desayunar.

3. ¿(bañarse, tú)__________ antes de desayunar o después?

4. Los gatos (pelearse)__________ para defender su territorio.

5. Ya son las cinco. (irse, nosotros)__________ de aquí.

6. ¿Cómo (llamarse)__________ tus hermanos?

   — (llamarse)__________ Joaquín y Ricardo.

7. (casarse, nosotros)__________ en diez días.

8. La bebé siempre (despertarse)__________ a las cuatro.

9. (peinarse, nosotras)＿＿＿＿＿＿＿＿ antes de acostarnos.
10. (morirse, yo)＿＿＿＿＿＿＿＿ de calor, por eso ya (irse, yo) ＿＿＿＿＿＿＿＿ de aquí.
11. Cada persona (beberse)＿＿＿＿＿＿＿＿ una botella de vino.

Un poco más

(　　) 内の動詞を適切な直説法現在形または不定詞にして、あてはめましょう。
但し、gustar 型か再帰動詞かに注意しましょう。

1. ¿Qué te (parecer)＿＿＿＿＿＿＿＿ la clase de la nueva profesora?
   — A mí me (parecer)＿＿＿＿＿＿＿＿ muy bien.
2. Personalmente me (caer)＿＿＿＿＿＿＿＿ bien Carlos.
3. ¿Qué te (parecer)＿＿＿＿＿＿＿＿ la situación económica de nuestro país?
   — No me (parecer)＿＿＿＿＿＿＿＿ bien.
4. Voy a (acostarse)＿＿＿＿＿＿＿＿ a las once y media.
5. ¿Qué te (pasar)＿＿＿＿＿＿＿＿, hijo?
   — Es que me (doler)＿＿＿＿＿＿＿＿ el estómago.
6. Me (doler)＿＿＿＿＿＿＿＿ un poco las piernas.
7. ¿(lavarse, vosotras)＿＿＿＿＿＿＿＿ la cara con jabón?
8. A ustedes les (encantar)＿＿＿＿＿＿＿＿ jugar al fútbol.
9. Esta noche (acostarse)＿＿＿＿＿＿＿＿ tarde porque voy a estudiar mucho.
10. Queremos (ducharse)＿＿＿＿＿＿＿＿ ahora mismo.
11. ¿Cómo (llamarse)＿＿＿＿＿＿＿＿ usted?
    — (llamarse)＿＿＿＿＿＿＿＿ Alejandro Rodríguez Muñoz.
12. (sentarse, ella)＿＿＿＿＿＿＿＿ en el banco.

Gramática

POINT 1 無人称文 (oraciones impersonales)

1 無主語文

◆ 自然・天候表現

¿Qué tiempo hace hoy?

— Hace buen tiempo. — Hace mal tiempo.

— Hace calor. — Hace frío.

— Hace fresco. — Hace sol.

— Hace viento. — Llueve.

— Nieva. — Truena (Hay trueno).

— Hay niebla (neblina). — Está nublado.

◆ hace + 期間

¿Cuánto tiempo **hace que** estudiáis inglés?

— **Hace seis años que** estudiamos inglés.

(= Estudiamos inglés **desde hace seis años**.)

¿Cuánto tiempo **hace que** esperas el autobús?

— **Hace media hora que** lo espero. (=Lo espero **desde hace media hora**.)

2 不特定主語文

◆ 不特定人称再帰（se + ３人称単数）「人は一般に～する」という意味になる。

Se come bien aquí. En Tailandia **se respeta** mucho a los monjes.

¿Por dónde **se va** a la estación? — **Se va** por la calle Independencia.

◆ ３人称複数形

Tocan el timbre. **Llaman** a la puerta.

POINT 2 所有詞 (posesivos)（２）（後置形） 44

mío, mía / míos, mías	nuestro, nuestra / nuestros, nuestras
tuyo, tuya / tuyos, tuyas	vuestro, vuestra / vuestros, vuestras
suyo, suya / suyos, suyas	suyo, suya / suyos, suyas

1 所有形容詞

◆ 名詞の後に置かれ、修飾する名詞に性・数一致する。

Ana es amiga **mía**. Se lo vamos a decir a un compañero **nuestro**.

❷ **ser** の補語になり、主語に性・数一致する。

¿Son **tuyas** estas toallas? — No, no son **mías**. Son **tuyas**, creo.

2 所有代名詞

同じ名詞の繰り返しを避けるために用いられ、名詞に合わせて性・数一致する。

Esta maleta es de Aurora. ¿Dónde están las **nuestras**?

Esta gorra no es mía. La **mía** es verde.

POINT 3 命令 (imperativo)（1）

1 **tú** に対する肯定命令 45

直説法現在 3 人称単数の活用と同じ。

	hablar	comer	vivir
tú	**habla**	**come**	**vive**

Habla en voz alta.

Escucha y **lee** el texto.

Completa las siguientes tablas.

tú に対する肯定命令で不規則なものは主に次の通り。

hacer →	**haz**	poner →	**pon**
ir →	**ve**	venir →	**ven**
salir →	**sal**	decir →	**di**
ser →	**sé**	tener →	**ten**

Ve inmediatamente.

Pon la luz, por favor.

Sal de esta habitación.

Ten cuidado.

Ven a mi casa para cenar.

2 **vosotros/as** に対する肯定命令 46

不定詞の語尾 **-r** を **-d** に変える。

	hablar	comer	vivir
vosotros/as	**hablad**	**comed**	**vivid**

❗不規則はない。

Venid aquí.

Corred con toda la fuerza.

Dad un paseo por el parque.

Comed despacio.

3 再帰・目的格人称代名詞の位置

再帰代名詞や間接・直接目的格人称代名詞の位置は、肯定命令では動詞の語末につける（間接・直接目的格の両方がある場合には ①間接 ②直接の順）。但し、アクセント符号に留意。

Da**me** las flores. — Sí, te las doy.

9

¿Cómo se dice tu nombre completo? Apúnta**melo**.
¿Por qué no haces la tarea, hija? Haz**la** rápido, ya son las ocho de la noche.
¿Quieres un dulce? — Sí, gracias. Dá**melo**, por favor.
Levánta**te** en seguida.
Pon**te** el abrigo, que hace mucho frío.

❗ 再帰動詞の２人称複数の肯定命令は、語尾 **-d** を取って**-os** をつける。
Levanta**os**. (←levantad + -os)

POINT 4 不定詞 (infinitivo)

動詞の活用していない形で **-ar, -er, -ir(ír)** のいずれかの語尾になる。また不定詞（句）は男性単数名詞として用いられ、主語となる場合にその動詞は３人称単数となる。「～すること」を表す。

1 主語・目的語・補語となる。

Querer es **poder**.
Necesitamos **estudiar español**.
Mi sueño es **ganar el primer premio** en el concurso.

2 命令

No **fumar**.
Tener cuidado con los coches.
No **correr**.
Rellenar los cuestionarios.

3 **al +** 不定詞

¿Qué impuesto se paga **al ganar** la lotería?
Al escuchar esa canción, recuerdo mi infancia.

4 その他

ir a + 不定詞	**Voy a acostarme** temprano esta noche.
comenzar a + 不定詞	Los chicos **comienzan a trabajar** en septiembre.
empezar a + 不定詞	Los jóvenes **empiezan a jugar** al tenis a la una.
acabar de + 不定詞	**Acabo de terminar** la tarea.
deber + 不定詞	Los estudiantes **deben estudiar**.
tener que + 不定詞	**Tengo que salir** de casa a las seis y media.
haber que + 不定詞	**Hay que dormir** siete horas.

❗ この義務を表す haber は、直説法現在では常に hay になる。そのほかの時制では常に３人称単数形になる。

Práctica de Pronunciación

47

以下の文はスペイン語の refrán（ことわざ）です。何度も声に出して読んで覚えましょう。

- **Se suceden las órdenes y contraórdenes.**
  （命令のあとに変更命令が続く → 朝令暮改）

- **Se puede aprender a cualquier edad.**
  （何歳になっても学問はできる → 六十の手習い）

▼Audio

9

Ejercicios de la Lección 9

練習 1 次の日本語をスペイン語にしましょう。

1. 今日は日が照っているが、寒い。

   ____________________, pero ____________________.

2. 日本の 10 月は涼しいが、時に台風が来る。

   En Japón en octubre ________________, pero a veces ________________ los tifones.

練習 2 例を参考にして、以下の設問に答えましょう。

例） *¿Cuánto tiempo hace que estudiáis inglés?*
— Hace seis años que estudiamos inglés. (=Estudiamos inglés desde hace seis años.

1. ¿Cuánto tiempo hace que trabajas en este negocio?
   (Estamos en julio y trabajas desde enero.)

   ____________________ que trabajo aquí.

   (= Trabajo aquí ____________________)

2. ¿Cuánto tiempo hace que estudiáis español?

   Hace ____________________.

練習 3 (　　) 内の動詞を不特定主語文（３人称複数）で適切な直説法現在形にしましょう。

1. En las noticias (informar)__________ unos accidentes tráficos.
2. En este barrio (robar)__________ a menudo automóviles lujosos.
3. (detener)__________ a los secuestradores de un niño de cuatro años.
4. No me (pagar)__________ bien en esta empresa.

練習 4 (　　) 内の動詞を不特定主語文 (se＋３人称単数) で適切な直説法現在形にしましょう。

1. En mi universidad generalmente (comerse)__________ en este comedor.
2. (vivirse)__________ bien en este país.
3. En mi país (respetarse)__________ mucho a los ancianos.

練習 5 空欄に適切な所有詞を補いましょう。

1. ¿Es tuyo aquel coche blanco?

   — No, no es __________, el __________ es rojo.
2. ¿Esta maleta es suya, señor?

   — Sí, es __________.
3. ¿Son vuestros estos zapatos?

   — No, no son __________.

練習 6 (　　) 内の動詞を適切な tú に対する命令にしましょう。

1. (comer)__________ bien y (caminar)__________ mucho.
2. (terminar)__________ los deberes.
3. (soñar)__________ con los ángeles.
4. (repetir)__________ una vez más.
5. (venir)__________ a cenar a mi casa.
6. (decirle)__________ a tu marido la verdad.
7. (hacerlo)__________ tú mismo.
8. (levantarse)__________ enseguida.

練習 7 （　　）内の動詞を適切な vosotros/as に対する命令にしましょう。

1. (repetir)________ varias veces.
2. Hijos, (acabar)________ las tareas.
3. (venir)________ aquí y (descansar)________ un poco.
4. (consumir)________ muchas frutas y verduras.

練習 8 下線部の動詞を適切な tú に対する命令にし、斜字を目的格人称代名詞に置き換えましょう。

ejemplo) Abrir *la ventana*. → **Ábrela**.

1. Sacarla a bailar. →
2. Apagar *la luz*. →
3. Decir *la verdad a mi hermana*. →
4. Ponerse *los guantes*. →

練習 9 日本語を参考にして、語句を並び替えて文を完成させましょう。なお動詞は適切に活用しましょう（不定詞の場合もあります）。再帰代名詞については46ページの ! を参照

1. 私たちは９時に働き始める。(comenzar, a trabajar, a las nueve)

________.

2. 明日、君たちは５時に起きなければならない。(a las cinco, levantarse, tener que)

Mañana ________.

3. 私は目覚めたばかりだ。(despertarse, acabar de)

________.

4. 自然を大切にしないといけない。(cuidar, haber que, la naturaleza)

________.

5. 私は１１時に就寝したい。(a las once, acostarse, querer)

________.

6. 私たちは風呂に入りたい。(querer, bañarse)

________.

Lección 10

▼Audio

Gramática

POINT 1 現在分詞 (gerundio) 48

動詞の語尾　-ar → -ando　　-er → -iendo　　-ir → -iendo

規則形

hablar → **habl**ando
comer → **com**iendo
vivir → **viv**iendo

不規則形

leer	→	**leyendo**	ir	→	**yendo**
oír	→	**oyendo**	decir	→	**diciendo**
pedir	→	**pidiendo**	sentir	→	**sintiendo**
venir	→	**viniendo**	dormir	→	**durmiendo**
poder	→	**pudiendo**	morir	→	**muriendo**

1 **estar** + 現在分詞　　進行を表す。

¿Qué **estás haciendo**?　— **Estoy buscando** un bolígrafo.
Estoy pensando en ti.
Ahora te **estoy diciendo** la verdad. = Ahora **estoy diciéndo**te la verdad.
Estoy bañándome. = **Me estoy bañando**.
Estamos muriéndonos de hambre. = **Nos estamos muriendo** de hambre.

2 「～しながら」

Siempre trabajamos **escuchando** música.
Mi mamá cena **viendo** las noticias.
El niño anda **llorando** en la calle.

POINT 2 過去分詞 (participio pasado) 49

動詞の語尾　-ar → -ado　　-er → -ido　　-ir → -ido

規則形

hablar → **habl**ado
comer → **com**ido
vivir → **viv**ido

不規則形

abrir	→	**abierto**	cubrir	→	**cubierto**	escribir	→	**escrito**
freír	→	**frito**	ver	→	**visto**	decir	→	**dicho**
hacer	→	**hecho**	volver	→	**vuelto**	poner	→	**puesto**
morir	→	**muerto**	imprimir	→	**impreso**	romper	→	**roto**

形容詞と同じように用いられ、修飾する名詞に性・数一致する。

❶ 名詞を修飾する。
Por lo general los bebés recién **nacidos** tienen poca visión.
Me prohíben tomar patatas **fritas** y bebidas **azucaradas**.

❷ 主語の補語になる。
La cámara digital está **rota**.
Nosotros estamos **cansados**. (←cansarse 名詞・代名詞を修飾する場合、再帰代名詞は脱落する)

❸ haber + 過去分詞で完了時制を表す。(次項↓)

❹ 受動文(**Lección 12**→)

POINT 3 直説法現在完了 (pretérito perfecto compuesto de indicativo)　50

❢ 現在を基準にした完了、経験、継続を表す。

haber の直説法現在形+過去分詞　❢ この場合の過去分詞は性数変化なし。

hablar				comer				vivir			
he	**hemos**			**he**	**hemos**			**he**	**hemos**		
has	**habéis**	**+**	**hablado**	**has**	**habéis**	**+**	**comido**	**has**	**habéis**	**+**	**vivido**
ha	**han**			**ha**	**han**			**ha**	**han**		

❶ 完了

¿**Han llegado** ya los chicos? — No, todavía no **han llegado**.
Hemos reservado el hotel.
Todavía no **he leído** el periódico hoy.

❷ 継続・経験

¿**Has estado** en Brasil? — Sí, **he estado** allí dos veces.
La economía del país no **se ha desarrollado** hasta ahora.

❢ 代名詞(再帰・目的格人称代名詞)は **haber** の前に位置する。

③ 今を含む時の副詞とともに（hoy, esta mañana, este mes, este año...）

Hoy nos hemos despertado tarde.
Ha llovido mucho **este año**.
Estos años no **ha nevado** en Osaka.
Este mes he gastado mucho dinero en ropa.

POINT 4 不定語、否定語 (indefinidos y negativos)

① 形容詞　❗性数変化あり

algún, alguna, algunos, algunas ⇔ ningún, ninguna

¿Tienes **algún libro** de literatura?　— Sí, tengo varios.
¿Sabes **algunas palabras** en alemán?　— Solo sé "*arbeit*".
¿Conoces a **algunas chicas** de la clase?　— No, no conozco a **ninguna** (chica).
¿Has estado en **algún país** de habla hispana?　— No, no he estado en **ningún país**.

② 代名詞

algo ⇔ nada　　**alguien ⇔ nadie**　❗左記の４語のみ性数変化なし

alguno, alguna, algunos, algunas ⇔ ninguno, ninguna

¿Hay **algo** en la caja?　— No, no hay **nada**. Está vacía.
¿Conoces a **alguien** en Perú?　— No, no conozco a **nadie**.
¿**Algunas** de ellas vienen mañana?
— No, no viene **ninguna**. (= No, **ninguna** viene.)

③ その他

alguna vez ⇔ nunca, **jamás**　　también ⇔ **tampoco**　　y ⇔ **ni**

¿Has estado **alguna vez** en África?
— No, no he estado **nunca**. (=No, **nunca** he estado.)
No come carne **ni** pescado.
Antonio no me ha escrito **ni** ha llamado.
No hemos visto a Isabel.　— Nosotros **tampoco**.

Práctica de Pronunciación

51

以下の文はスペイン語の refrán（ことわざ）です。何度も声に出して読んで覚えましょう。

- **Nada es más peligroso que el saber a medias.**

（中途半端な知識ほど危険なものはない → 生兵法は大怪我の基）

- **Perro ladrador, poco mordedor.**

（吠える犬は噛みつかぬ → 大言壮語・空威張り）

▼Audio

Ejercicios de la Lección 10

練習 1 下線部の動詞を進行形にしましょう。

1. Llueve muy fuerte. No debes salir ahora.

   ________________________________.

2. Te lo digo mil veces.

   ________________________________.

3. Tapamos el hueco, porque se puede caer.

   ________________________________.

4. Intentamos terminar el trabajo antes de las siete.

   ________________________________.

5. Me lavo la cara.

   ________________________________.

6. Nieva en las montañas.

   ________________________________.

練習 2 次の文を日本語にしてみましょう。

1. Las niñas pasean cantando por el parque.

______________________________.

2. María trabaja cuidando a sus hijos.

______________________________.

3. Me gusta ver películas comiendo palomitas.

______________________________.

4. Mucha gente come viendo el celular.

______________________________.

5. El bebé está durmiendo en la cuna.

______________________________.

練習 3 (　　) 内の動詞を過去分詞にしましょう。

1. La mesa está (reservar)______________.
2. Hay muchos estudiantes (conocer)______________ en este grupo.
3. En Guatemala y en la Península de Yucatán hay varias pirámides (construir) ______________ por los mayas.
4. La máquina está (romper)______________.
5. Las tiendas están (abrir)______________.

練習 4 (　　) 内の動詞を直説法現在完了形にしましょう。

1. ¿(estar, tú)______________ en el desierto de Atacama?
2. ¿(ver, tú)______________ alguna vez caer la nieve?
3. ¿(probar)______________ ustedes sushi? Es muy sabroso, tienen que probarlo.
4. Este año todavía no (hacer)______________ mucho calor.
5. Este mes (llover)______________ bastante.

練習 5 空欄に適当な不定語または否定語を補いましょう。

1. No me ha gustado el concierto de hoy.

   — A mí ____________ .

2. ¿Has estado ____________ vez en Cuba?

   — No, no he estado ____________ .

3. ¿Conoces ____________ país sudamericano?

   — No, no conozco ____________ .

4. Paco, ¿qué tienes en las manos?

   — No, no tengo ____________ , mamá.

5. El hombre no bebe ____________ fuma y hace ejercicios, pero se ha enfermado.

6. ¿Viven en Tokio ____________ de tus familiares?

   — No, ____________ de ellos vive en Tokio.

Un poco más

(　　) 内の動詞を過去分詞または直説法現在完了形にしましょう。

1. Mis papás no (trabajar)____________ esta semana.
2. El sol ya (ponerse)____________ .
3. A mí me (gustar)____________ la película de hoy.
4. Nos (interesar)____________ mucho las presentaciones hechas por los chicos.
5. El maestro está (ocuparse)____________ .
6. ¿Te gustan las papas (freír)____________ ?
7. Mi mamá está muy (cansarse)____________ .
8. ¿A qué hora (levantarse, tú)____________ esta mañana?

   — Hoy (levantarse)____________ a las siete.

Lección 11 Gramática

▼Audio

POINT 1 比較 (comparativos)

1 優等比較　**más + 形容詞／副詞 + que**　! 形容詞は性数一致が必要

Raquel es **más alta que** su hermana.
Me levanto **más temprano que** mi esposa.
Mi mamá se levanta **más tarde que** mi papá.
Mi hermana corre **más rápido que** yo.

2 劣等比較　**menos + 形容詞／副詞 + que**

Mi hermano es **menos alto que** yo.
Esta sandía sabe **menos dulce que** esa.
Vives **menos lejos que** yo.

3 同等比較　**tan + 形容詞／副詞 + como**
tanto/a/os/as + 名詞 + como
動詞 + tanto como

María Luisa es **tan joven como** María Isabel.
Gabriel tiene **tantos libros como** su hermano.
No tengo **tanta suerte como** tú.
No estudio **tanto como** mis compañeros, por eso no he aprendido bien.

4 比較級には不規則なものも存在する。　52

形容詞	副詞	比較級
más + bueno →	más + bien →	mejor
más + malo →	más + mal →	peor
más + mucho →	más + mucho →	más
menos + poco →	menos + poco →	menos
más + grande →		mayor
menos + pequeño →		menor

! más/menos + 名詞 + que も用いられる。

Ella tiene **más amigos que** yo. (×Ella tiene **más muchos amigos que** yo)
Félix trabaja **más que** Antonio, pero gana **menos** (que Antonio).
La situación económica está **peor que** la del año pasado.
Mi papá es dos años **mayor que** mi mamá.
Alquilamos un departamento mucho **más grande que** el otro.
Estos diccionarios son **mejores que** aquellos.

5 その他　**más de...**　**menos de...**

Alejandra gana **más de** tres mil euros al mes.
Este móvil cuesta **menos de** diez mil pesos.

POINT 2 最上級 (superlativos)

1 形容詞の最上級

定冠詞＋（名詞）＋形容詞の比較級＋**de**

Raquel es **la más alta de** la clase.
Este templo es **el más antiguo de** la ciudad.
Hoy va a ser **el mejor día de** mi vida.
La persona más anciana del mundo puede ser japonesa.

2 副詞の最上級

副詞には最上級の文型がないので文脈から判断する。

Juana es **la que** trabaja **más** en esta empresa.
El jefe trabaja **más que nadie**.
Me encanta el cebiche **más que nada**.
Este año hemos trabajado **más que nunca**.
Te lo entrego **lo más** pronto posible.

POINT 3 絶対最上級 (superlativos absolutos)

形容詞の語尾に **-ísimo/a/os/as** をつける。　difícil → **dificilísimo**
-o で終わる形容詞は**-o** をとって**-ísimo** をつける。　barato → **baratísimo**

! 正書法上、**largo** → **larguísimo**　**feliz** → **felicísimo** となる。

Hay **muchísima** gente en la calle.
Este vestido es **carísimo** para nosotras.
La gastronomía mexicana es **riquísima**.
El examen de hoy ha sido **facilísimo**.
La chica está **felicísima** porque ha sacado **buenísimos** (**bonísimos**) puntos.
El camino es **larguísimo** hasta Santiago de Compostela.

POINT 4 直説法点過去規則変化動詞 (pretérito perfecto simple de indicativo) 53

hablar	
hablé	**hablamos**
hablaste	**hablasteis**
habló	**hablaron**

visitar, cenar, tomar

comer	
comí	**comimos**
comiste	**comisteis**
comió	**comieron**

conocer, nacer

vivir	
viví	**vivimos**
viviste	**vivisteis**
vivió	**vivieron**

escribir, abrir

正書法上、１人称単数または３人称単数・複数の活用で注意が必要な動詞 54

llegar	
llegué	**llegamos**
llegaste	**llegasteis**
llegó	**llegaron**

pagar, jugar, apagar

buscar	
busqué	**buscamos**
buscaste	**buscasteis**
buscó	**buscaron**

explicar, sacar, practicar

comenzar	
comencé	**comenzamos**
comenzaste	**comenzasteis**
comenzó	**comenzaron**

empezar

55

leer	
leí	**leímos**
leíste	**leísteis**
leyó	**leyeron**

caer, oír, creer ...

construir	
construí	**construimos**
construiste	**construisteis**
construyó	**construyeron**

destruir, incluir ...

直説法点過去は終了した行為・状態を表し、すでに終了した事柄だけを伝えており、例のような時を表す副詞（句）を伴うと点過去が用いられることが多い。

El año pasado no **nevó** nada.
Vivimos *cinco años* en Los Ángeles.
La hija **nació** *en 1995* y **se casó** *en 2020.*
¿Qué **leyeron** ustedes *la semana pasada*? — **Leímos** una novela inglesa.
Conocí a un chico y me **cayó** muy bien.
No me **gustó** nada la película de *ayer*.
Salvador Dalí **nació** en la ciudad de Figueras en *1904*.

Práctica de Pronunciación

56

以下の文はスペイン語の refrán（ことわざ）です。何度も声に出して読んで覚えましょう。

- **Ven más cuatro ojos que dos.**

（二つの目より四つの目がよく見える → 三人寄れば文殊の知恵）

- **La mejor salsa es el apetito.**

（食欲が最高の調味料 → ひもじい時・空腹時にまずいものなし）

▼Audio

Ejercicios de la Lección 11

11

練習 1　3 名の **ecuatorianos**（エクアドル人）のデータをもとに比較級の文を完成させましょう。

	Luisa	**Jorge**	**Raquel**
Edad	35	40	38
Estado civil	soltera	casado	divorciada
Estatura	1,70 m	1,70 m	1,60 m
Peso	60 kilos	90 kilos	55 kilos
Ingresos (dólar)	2000 dólares	1000 dólares	1500 dólares
Hijos	0	4	1
Hermanos	5	2	2
Primos	5	4	8
Lenguas	español e inglés	español y quechua	español

1. Luisa es (　　　　　) alta (　　　　　) Raquel.
2. Jorge gana (　　　　　) (　　　　　) Luisa.
3. Raquel tiene (　　　　　) hermanos (　　　　　) Luisa.
4. Jorge habla (　　　　　) lenguas (　　　　　) Raquel.

5. Luisa habla (　　　　　) idiomas (　　　　　) Jorge.
6. En cuanto a la edad Jorge es (　　　　　) (　　　　　) Luisa.
7. Raquel gana (　　　　　) (　　　　　) Jorge.
8. Jorge tiene (　　　　　) primos (　　　　　) Raquel.
9. Raquel gana (　　　　　) de mil dólares.
10. Jorge pesa (　　　　　) (　　　　　) Luisa.
11. En cuanto a la edad Luisa es (　　　　　) (　　　　　) Raquel.

練習 2 練習問題 1 の表をもとに、最上級の文を完成させましょう。

1. Raquel es (　　　　　) persona (　　　　　) (　　　　　) de todos.（背が低い）
2. Luisa es (　　　　　) (　　　　　) gana más de todos.
3. Raquel es (　　　　　) que tiene (　　　　　) primos de todos.

練習 3 練習問題 1 の表をもとに文を完成させましょう。

1. ¿Quién gana (　　　　　) que Raquel? — Es Jorge.
2. ¿Quién tiene (　　　　　) hermanos? — Es Luisa.
3. ¿Quién es el más pesado de todos? — Es (　　　　　).
4. ¿Quién tiene más primos? — Es (　　　　　).

練習 4 下線部を絶対最上級にしましょう。

1. La condición económica del país es <u>muy mala</u>.　(　　　　　　　　　　)
2. El túnel de San Gotardo es <u>muy largo</u> y es el más largo del mundo.
(　　　　　　　　　　)
3. Roberto es <u>muy alto</u>, mide 1,98m.　(　　　　　　　　　　)
4. La playa es <u>muy blanca</u> y <u>muy linda</u>.
(　　　　　　　　　　)　(　　　　　　　　　　)

練習 5 (　　) 内の動詞を適切な直説法点過去にしましょう。

1. ¿Qué (cenar)__________ usted ayer?

   — (cenar)__________ barbacoa.

2. ¿Cuántos años (vivir)__________ ustedes en Uruguay?

   — (vivir)__________ 5 años.

3. ¿A qué hora (llegar, tú)__________ anoche?

   — (llegar)__________ a las dos de la madrugada.

4. Armando y Juan (regresar)__________ de Buenos Aires hace 8 días.

5. La semana pasada (tomar, yo)__________ el sol en la playa.

6. Mi hija (nacer)__________ en Córdoba en 2008.

Un poco más

(　　) 内の動詞を適切な直説法点過去にしましょう。

1. ¿A qué hora (acostarse, tú)__________ ayer?

   — (acostarse)__________ a las 12.

2. En 1896 Antonio Maceo (caerse)__________ en combate.

3. Te (explicar, yo)__________ varias veces, pero no me (escuchar) __________ nunca.

4. La semana pasada (oír, nosotros)__________ un programa de radio y nos (encantar)__________ el programa.

5. ¿A qué hora (levantarse, tú)__________ ayer?

   — (levantarse)__________ a las seis.

▼Audio

Lección 12 Gramática

POINT 1 直説法点過去不規則変化動詞 (pretérito perfecto simple de indicativo)

1 57

pedir	
pedí	pedimos
pediste	pedisteis
pidió	pidieron

dormir	
dormí	dormimos
dormiste	dormisteis
durmió	durmieron

sentir(sintió, sintieron),
servir(sirvió, sirvieron),
seguir(siguió, siguieron),
preferir(prefirió, prefirieron)

morir(murió, murieron)

Sentimos mucho frío anoche.
Simón Bolívar nació en 1783 y **murió** en 1830.

2  1 人称単数と 3 人称単数にアクセントがない点に注意 58

andar	
anduve	anduvimos
anduviste	anduvisteis
anduvo	anduvieron

saber	
supe	supimos
supiste	supisteis
supo	supieron

poder	
pude	pudimos
pudiste	pudisteis
pudo	pudieron

estar(estuve), tener(tuve), haber(hube), poner(puse)

Frida Kahlo **tuvo** un accidente en 1925 y murió en 1954.
Ayer y anteayer **estuvimos** en casa.

3 ❢ 1 人称単数と 3 人称単数にアクセントがない点に注意 59

querer	
quise	quisimos
quisiste	quisisteis
quiso	quisieron

hacer	
hice	hicimos
hiciste	hicisteis
hizo	hicieron

venir	
vine	vinimos
viniste	vinisteis
vino	vinieron

¿Qué **hicieron** ustedes el fin de semana? — No **hicimos** nada.
Los compañeros de clase **quisieron** tomar una foto con la profesora.

 ❗ 3 人称複数は -jieron ではなく -jeron 60

decir	
dije	dijimos
dijiste	dijisteis
dijo	dijeron

traer	
traje	trajimos
trajiste	trajisteis
trajo	trajeron

conducir (condujeron), traducir (tradujeron)

Ayer llegaste muy tarde a casa. ¿Qué te **dijeron** tus papás?
— No me **dijeron** nada.

5 その他 61

ver	
vi	vimos
viste	visteis
vio	vieron

dar	
di	dimos
diste	disteis
dio	dieron

ser, ir	
fui	fuimos
fuiste	fuisteis
fue	fueron

¿**Viste** el partido anteayer? — No, no lo **vi**, porque **vimos** las noticias.
Ayer **dimos** un paseo por el parque.
Anoche **fuimos** a una fiesta.

POINT 2 従属節 (cláusulas subordinadas)

従属節を導く接続詞の主なものは以下の通り

que	si	qué, cuándo, cuál, cómo, quién,
平叙文	疑問詞の無い疑問文	**dónde** など、疑問詞はそのまま用いる。

Creo.
El jefe llega tarde. → Creo **que** el jefe llega tarde.

No sé.
¿Viene María mañana? → No sé **si** viene María mañana.

No sabemos.
¿**De dónde** son ellos? → No sabemos **de dónde** son ellos.

¿Sabes?
¿**Cuándo** es el examen? → ¿Sabes **cuándo** es el examen?

❗ **cuando** 時の副詞節（～するとき）と疑問詞の **cuándo** の違いに注意。

12

POINT 3 示小辞 (diminutivos)

1 小ささや親愛を表す

gato → **gatito** guerra → **guerrilla** delgado → **delgadito**
pez → **pececillo** Ana → **Anita** chico → **chiquillo**
corazón → **corazoncito**

2 意味に変化をもたらす場合

coche → **cochecito** ventana → **ventanilla**

POINT 4 感嘆文 (oraciones exclamativas)

1 ¡Qué + 名詞／形容詞／副詞！

¡**Qué** frío (hace)! ¡Qué bien bailas!
¡**Qué** inteligente eres!

2 ¡Qué + 名詞 + más / tan + **形容詞**！

¡**Qué** película más / tan aburrida!
¡**Qué** pregunta más / tan interesante!

POINT 5 受動文 (oraciones pasivas)

1 ser + 他動詞の過去分詞（ + por + 行為者）

❗口語ではあまり用いられない。
❗過去分詞は主語と性数一致が必要。

Los ladrones **fueron detenidos** en el puerto.
El estudio de mercado **fue realizado** por los estudiantes.
El *Abeno Harukas* **fue construido** en 2014.

2 se + 他動詞の３人称（再帰受動文）

❗主語は事物に限られる。

Se ven las montañas desde aquí. **Se vende** esta casa.
Se alquilan habitaciones.

POINT 6 知覚・使役・放任の動詞 (verbos de ver, oír, dejar, etc.)

1 ver, oír, sentir + 不定詞

Oí a los pajaritos **cantar** en el jardín. **Oí gritar** a mi mamá.
Ayer **vimos salir** el sol. Te **sentí venir**.

2 hacer, dejar + 不定詞

Esta canción me **hace llorar**.
Me **hicieron esperar** una hora en el banco.
Mi mamá me **deja salir** hasta las nueve de la noche.
La profesora no nos **deja hablar** en japonés.

Práctica de Pronunciación

62

以下の文はスペイン語の refrán（ことわざ）です。何度も声に出して読んで覚えましょう。

- **Cada maestrilla tiene su librillo.**

（師匠と名がつきゃ、自分の手帳くらいもっている → 餅は餅屋）

- **Huéspedes vinieron, y señores se hicieron.**

（下宿人としてきて、主人となった → 軒を貸して母屋をとられる）

▼Audio

Ejercicios de la Lección 12

12

練習 1 （　）内の動詞を適切な直説法点過去にしましょう。

1. ¿Cuántas horas (dormir, tú)__________ anoche?
   — (dormir)__________ siete horas.
2. ¿Con quién (estar)__________ ustedes ayer?
   — (estar)__________ con los vecinos porque (tener)__________ una junta.
3. Miles de personas (hacer)__________ filas en el banco.
4. ¿A qué hora (venir, tú)__________ a recoger a los niños?
   — (ir)__________ a recogerlos a las tres de la tarde.
5. ¿Quién te (decir)__________ eso?
6. Vicente Fernández (morir)__________ a los 81 años.
7. ¿Adónde (ir, vosotros)__________ de compras?
   — (ir)__________ al supermercado.
8. Mis papás me (dar)__________ un regalo.
9. Anteayer (hacer)__________ mucho frío, pero los compañeros (jugar)__________ al fútbol.

10. No (poder, yo)________________ dormir anoche, es que los vecinos (hacer) ________________ fiesta.
11. ¿Por qué me (traer, tú)________________ aquí?
    — Porque (querer)________________ mostrarte la situación actual de mi oficina.
12. ¿Por qué (ponerse, tú)________________ ese vestido?
13. ¿(ver, vosotros)________________ el juego? — Sí, lo (ver)________________.
14. ¿Cuándo (morir)________________ tu bisabuelo? — En 2008, ¿no?

練習 2 空欄に que, qué, cuando, cuándo, si をあてはめて文を完成させましょう。（各語１度）

1. Creo ( ) no estás entendiendo el mensaje.
2. ¿Sabes ( ) significa “reciclar”?
3. No sabemos ( ) viene ella, es que no nos avisa la hora.
4. ¿Sabes ( ) mañana va a llover o no?
5. Los tíos siempre nos traen algo de dulce ( ) nos visitan.

練習 3 下線部の単語を示小辞を用いて表しましょう。

1. ¿Me das un <u>cigarro</u> ( )?
2. ¿Cuántas <u>guerras</u> ( ) siguen operando en América Latina?
3. <u>Paco</u> ( ), ponte a estudiar.
4. Mi <u>gato</u> ( ) nació hace ocho días.

練習 4 日本語に合うように、適切な語を補って感嘆文を完成させましょう。

1. 君はなんて親切なんだ！
   ¡( ) ( ) eres!
2. なんて面白い映画なんだ！
   ¡( ) película ( ) interesante!
3. あなたはなんて上手にスペイン語をお話しになるのでしょう！
   ¡( ) bien habla español usted!

練習 5 (　　) 内の動詞を適切な形にして、受動文を完成させましょう。

1. La Torre Latinoamericana (ser construir)______________ en 1956.
2. (leerse)______________ la biblia en todas las lenguas.
3. (venderse)______________ flores en el mercado local.
4. ¿Cómo (verse)______________ Venus desde la Tierra?

   — (verse)______________ muy brillante.
5. La noticia (ser informar)______________ ayer por el ministro de educación.

練習 6 (　　) 内にあてはまる動詞を選んで文を完成させましょう。

1. Oí (　　　　　　) a los perros.
2. El comediante me hace (　　　　　　).
3. Hice (　　　　　　) a la niña.
4. Mi esposa no me deja (　　　　　　) el piano.
5. Vimos al hombre (　　　　　　) al hospital.

tocar, entrar, reír, ladrar, llorar

Un poco más

(　　) 内の動詞を適切な直説法点過去にしましょう。

1. El compañero me (pedir)______________ ayuda, pero no

   (poder)______________ hacer nada.
2. ¿Cuándo (saber, tú)______________ la noticia?

   — La (saber)______________ hace unos días.
3. ¿Quién te (dar)______________ este libro?

   — Me lo (regalar)______________ mi tío.
4. No (venir)______________ nadie a la clase ayer, por eso no (hacer, yo)______________ nada.

12

Lección 13 Gramática

▼Audio

POINT 1 直説法線過去 (pretérito imperfecto de indicativo)　63

hablar	
hablaba	**habl**ábamos
hablabas	**habl**abais
hablaba	**habl**aban

comer	
comía	**com**íamos
comías	**com**íais
comía	**com**ían

vivir	
vivía	**viv**íamos
vivías	**viv**íais
vivía	**viv**ían

不規則活用は以下の３語のみ　64

ir	
iba	íbamos
ibas	ibais
iba	iban

ser	
era	éramos
eras	erais
era	eran

ver	
veía	veíamos
veías	veíais
veía	veían

1 過去における継続的行為・状態を表す。

Estaba nublado cuando **paseábamos**.
El chofer **usaba** su celular al conducir.
Hablaba con mi padre cuando me llamaste.

! **ser** を使った過去の時刻表現には線過去を用いる。
Cuando llegué a casa, **eran** las dos de la madrugada.
Eran las once de la noche cuando terminamos el trabajo.

2 過去における反復的・習慣的行為を表す。
¿Qué tipo de música **escuchaban** tus abuelos?
Cuando **tenía** 5 años de edad, **estaba** en el kínder.
De pequeño **solía** ir a pescar.

3 丁寧な表現
Quería hablar con la señora Hernández.　— Un momento, por favor.
¿Qué **quería** usted?　— **Quería** ver aquel coche.

点過去と線過去 (pretérito perfecto simple e imperfecto)

基本的に点過去は過去に終了した行為・状態を表し(～した)、線過去は過去のある時点で継続していたこと、または過去の習慣を表す（～していた、～したものだった)。

Leí un artículo en la biblioteca por la tarde.

Leía periódicos en la biblioteca por las tardes.

Leía periódicos en la biblioteca cuando me hablaste.

11 課で述べたように以下のような副詞や副詞句を伴うと点過去が用いられる。

ayer / anoche / antes de ayer (anteayer, antier) / hace unos días, ocho días, un mes, un año, etc. / la semana pasada / el otro día / el mes pasado / el año pasado…

Ayer hubo un accidente de moto en esta calle.

La semana pasada estuve enfermo, pero ahora estoy bien.

Mi papá trabajó **un año** en Roma.

直説法過去完了 (pretérito pluscuamperfecto de indicativo) 65

過去を基準として完了、経験、継続を表す。

haber の直説法線過去＋過去分詞　　　　❗この場合の過去分詞は性数変化なし

hablar	comer	vivir
había　habíamos	**había　habíamos**	**había　habíamos**
habías　habíais + hablado	**habías　habíais + comido**	**habías　habíais + vivido**
había　habían	**había　habían**	**había　habían**

Dijo que **habías estado** en Panamá.

Cuando llegamos a la parada, ya **había salido** el autobús.

Ya **había comido** cuando lo invitaste a cenar.

Pensábamos que ya **te habías ido** a trabajar.

Antes de estudiar en Perú, ya **había leído** unas obras de Vargas Llosa.

La economía del país no **se había desarrollado** hasta entonces.

POINT 4 関係詞 (relativos)

1 関係代名詞 **que**（先行詞は**人**でも**モノ**でも可。）

❶ 先行詞が関係節の主語になる場合

La señora es la madre de Juana. / **La señora** está allí.
La señora que está allí es la madre de Juana.
先行詞 関係節

Tengo un libro que cuesta mucho.

❷ 先行詞が関係節の目的語になる場合

El hombre era muy alto. / **Lo** vi anoche en la calle.
El hombre que vi anoche en la calle era muy alto.
先行詞 関係節

Esta es **la película** que vimos en la televisión.

❸ 先行詞が**人**で前置詞を伴う場合 **quien** を用いる。また**前置詞 ＋ 定冠詞 ＋ que** を用いることも可能。 ❗定冠詞は先行詞の性数に一致。

El chico es su novio. / Raquel está con **el chico**.
El chico con quien está Raquel es su novio.
(= **El chico** con el que está Raquel es su novio.)

Ellas son **las deportistas**. / Te hablé de **ellas** hace rato.
(= Ellas son **las deportistas** de quienes te hablé hace rato.)
Ellas son **las deportistas** de las que te hablé hace rato.

❹ 同じく関係節の動詞が前置詞を伴い先行詞が**モノ**の場合、前置詞が **a, con, de, en** であれば、定冠詞は省略され、「**前置詞 ＋ que**」としてもよい。

Este es **el hospital**. / Mi papá estuvo en **el hospital**.
Este es **el hospital** en (el) que estuvo mi papá.
先行詞 関係節

2 関係副詞 **donde**

La tienda donde venden medicinas se llama “farmacia”.
Este es **el edificio** donde trabaja mi mamá.

Práctica de Pronunciación

66

以下の文はスペイン語の refrán（ことわざ）です。何度も声に出して読んで覚えましょう。

▼Audio

• **Camarón que se duerme, se lo lleva la corriente.**

（眠っているエビは潮に流される → 油断大敵）

• **El hombre es el único animal que tropieza dos veces en la misma piedra.**

（人は同じ石に二度躓く唯一の生き物だ → 二度あることは三度ある）

Ejercicios de la Lección 13

13

練習 1 （　）内の動詞を適切な直説法線過去にしましょう。

1. Cuando (ser, yo)＿＿＿＿＿＿＿＿ pequeño, (soler)＿＿＿＿＿＿＿＿ jugar al fútbol todos los días.
2. Antes (ver, nosotros)＿＿＿＿＿＿＿＿ la televisión, ahora casi no la vemos.
3. Estos productos anteriormente (venderse)＿＿＿＿＿＿＿＿ como medicamentos.
4. Todas las mañanas (levantarse, yo)＿＿＿＿＿＿＿＿ con dolor de estómago.
5. ¿Cuántos años (tener, tú)＿＿＿＿＿＿＿＿ cuando te enamoraste por primera vez?
6. Cuando llegaste a casa, (ser)＿＿＿＿＿＿＿＿ las once y media.

練習 2 （　）内の動詞を適切な直説法点過去または線過去にしましょう。

1. Ayer (trabajar, yo)＿＿＿＿＿＿＿＿ doce horas.
2. Cuando mi amigo me (llamar)＿＿＿＿＿＿＿＿, le (escribir)＿＿＿＿＿＿＿＿ un e-mail.
3. Mi abuelo (pasear)＿＿＿＿＿＿＿＿ todos los días.

4. Mis compañeros (jugar)____________ al béisbol cuatro horas el domingo pasado.
5. (ser)____________ las ocho de la noche cuando ocurrió el temblor.
6. Ayer (ver, tú)____________ una película de Pedro Almodóvar, ¿no?
7. El año pasado (ir, yo)____________ a España para visitar a unos amigos.
8. El sábado por la tarde me (llamar)____________ la policía.
9. La semana pasada (ver, yo)____________ un accidente cuando (esperar)____________ el semáforo.
10. Mi padre siempre (ponerse)____________ la gorra.

練習 3 (　　) 内の動詞を適切な直説法過去完了にしましょう。

1. Cuando llegamos al aeropuerto, ya (despegar)____________ nuestro avión.
2. Al de entrar en la universidad, ya (estar, yo)____________ una vez en España.
3. Pensé que la abuela (regresar)____________ a casa.
4. Supe que Daniel ya (irse)____________.

練習 4 以下の文を左の文を主節にして、関係詞を用いて１つの文にしましょう。

1. Tengo una prima. Ella sabe hablar cuatro idiomas.

   → ____________________________________

2. Esta es la hacienda. Hasekura estuvo en esta hacienda.

   → ____________________________________

3. Este es el aparato. Te hablé de ese aparato la semana pasada.

   → ____________________________________

練習 5 空欄に適切な関係詞または冠詞を当てはめましょう。(　　) 内は1語に限る。

1. Esta es la carnicería en (　　　　) trabaja mi tío.
2. Este es el horno de microondas (　　　　) te facilita la vida diaria.
3. Es una isla (　　　　) hay un parque natural.
4. Ellos son los estudiantes de (　　　　) (　　　　) te hablé.

Un poco más

I. (　　)内の動詞を直説法線過去にしましょう。

1. Te (cantar, yo)__________ cuando (llorar, tú)__________.
2. Algunos de los dinosaurios más veloces del mundo (habitar)__________ en La Rioja. Algunas especies de ellos (poder)__________ correr a 45 km/h.
3. La niña (pesar)__________ apenas 4 kilos y (medir)__________ 64 centímetros cuando ingresó en el hospital.
4. Antes (haber)__________ unas cafeterías por aquí.
5. Antes no me (gustar)__________ comer verduras pero ahora como de todo.
6. (tener)__________ miedo de dormirme mientras (manejar)__________.

II. (　　)内の動詞を直説法点過去または線過去にしましょう。

Hace mucho tiempo, (vivir)__________ un anciano y una anciana. La pareja no (tener)__________ hijos. Todos los días ellos le (pedir)__________ a su Dios para tener un bebé. Un día, de repente, les (dar, ellos)__________ un niño. (ser)__________ un niño que (medir)__________ menos de 3 cm. Los ancianos le (poner)__________ al bebé el nombre Issumboshi. El niño (crecer)__________ fuerte e inteligente. Un día les (decir) __________ así: “Papá, mamá, dadme una aguja, una pajita, un cuenco y palillos.”

13

▼Audio

Gramática

直説法未来 (futuro simple de indicativo) 67

hablar	
hablaré	**hablaremos**
hablarás	**hablaréis**
hablará	**hablarán**

comer	
comeré	**comeremos**
comerás	**comeréis**
comerá	**comerán**

vivir	
viviré	**viviremos**
vivirás	**viviréis**
vivirá	**vivirán**

主な不規則活用は以下の通り 68

母音 e が脱落

poder	
podré	**podremos**
podrás	**podréis**
podrá	**podrán**

haber → **habré**
querer → **querré**
saber → **sabré**

母音 e が脱落し、子音 d を挿入

poner	
pondré	**pondremos**
pondrás	**pondréis**
pondrá	**pondrán**

tener → **tendré**
venir → **vendré**
salir → **saldré**
valer → **valdré**

その他 69

hacer	
haré	**haremos**
harás	**haréis**
hará	**harán**

decir	
diré	**diremos**
dirás	**diréis**
dirá	**dirán**

1 未来の行為・状態を表す。

Mañana **hablaremos** de ese asunto.
Esta noche **hará** mucho viento por el tifón.
Se dice que la Tierra **sobrevivirá**, pero nuestro mundo no.
Este fin de semana **habrá** corte de agua.
Dicen que **llovera** esta noche.

! 未来を表すには **ir a** + 不定詞も用いられる。

Dicen que **va a llover** esta noche.

2 現在の推量を表す。
Estará (está の推量) dormido, es que llegó muy cansado ayer.
¿Qué hora es? — No tengo reloj, pero **serán** (son の推量) sobre las tres.

POINT 2 直説法過去未来 (condicional simple de indicativo) 70

hablar		comer		vivir	
hablaría	**hablaríamos**	**comería**	**comeríamos**	**viviría**	**viviríamos**
hablarías	**hablaríais**	**comerías**	**comeríais**	**vivirías**	**viviríais**
hablaría	**hablarían**	**comería**	**comerían**	**viviría**	**vivirían**

不規則活用のパターンは直説法未来と同一の語幹。

haber → **habría**, poner → **pondría**, hacer → **haría**, decir → **diría**

1 過去のある時点から見た未来の行為・状態
La semana pasada mi primo me dijo que **vendría** al día siguiente.
Nos dijo que **llegaría** a la hora, pero todavía no ha llegado.

2 過去の状態・行為の推量
En ese entonces mi mujer **sabría** (sabía の推量) mi secreto.
¿Entonces en qué posición de la liga estaba tu equipo?
— No me acuerdo bien, pero **estaría** (estaba の推量) en el séptimo u octavo lugar.

3 婉曲表現（丁寧さを表す）
Me **gustaría** hablar con el señor Marte.
Buenas tardes. ¿**Podría** probarme estos zapatos?

POINT 3 直説法未来完了 (futuro compuesto de indicativo) 71

現在完了の推量（現在と関わりを持つ完了した出来事の推量）

haber の直説法未来＋過去分詞　　! この場合の過去分詞は性数変化なし

hablar			comer			vivir		
habré	**habremos**		**habré**	**habremos**		**habré**	**habremos**	
habrás	**habréis**	**+ hablado**	**habrás**	**habréis**	**+ comido**	**habrás**	**habréis**	**+ vivido**
habrá	**habrán**		**habrá**	**habrán**		**habrá**	**habrán**	

14

Mis hijos ya **habrán llegado** (han llegado の推量) al aeropuerto.
Habrá estudiado (ha estudiado の推量) mucho para lograr su objetivo.

POINT 4 直説法過去未来完了 (condicional compuesto de indicativo) 72

過去完了の推量。(過去のある時点と関わりを持つ完了した出来事の推量)

haber の直説法過去未来＋過去分詞　　❗この場合の過去分詞は性数変化なし

hablar	comer	vivir
habría　habríamos	**habría　habríamos**	**habría　habríamos**
habrías　habríais + hablado	**habrías　habríais + comido**	**habrías　habríais + vivido**
habría　habrían	**habría　habrían**	**habría　habrían**

Juan ya **habría comido** (había comido の推量) cuando lo invitaste a cenar.
Cuando llegamos a la parada, ya **habría salido** (había salido の推量) el autobús.

POINT 5 関係詞の独立用法 (relativos)

❶ **lo que**　　(〜する／した) こと

Les informo **lo que** ha pasado.

❷ **el que, la que, los que, las que**　　指し示すものの性数により冠詞が決まる

Estas personas son **las que** no respetan la cuarentena.
¿Cuáles son mis zapatos? — Son **los que** están allí, creo.

❸ **quien**　　〜する人・者

Quien no ha visto Granada, no ha visto nada.
Son ellos **quienes** se encargan del asunto.

San Juan, Puerto Rico

Práctica de Pronunciación

73

以下の文はスペイン語の refrán（ことわざ）です。何度も声に出して読んで覚えましょう。

- **Mañana será otro día.**
  （明日はまた別の日 → 明日は明日の風が吹く）
- **Quien tiene boca se equivoca.**
  （口があるのものは間違いをする → 口は災いの元）
- **El que no arriesga, no gana.**
  （危険を冒さないものは勝てない → 虎穴に入らずんば虎子を得ず）

▼Audio

Ejercicios de la Lección 14

練習 1 （　）内の動詞を適切な直説法未来にしましょう。

1. Mañana (trabajar, yo)__________ desde las ocho hasta las seis.
2. El año que viene (crecer)__________ el turismo.
3. ¿Dónde está Carlos?
   — (estar)__________ en el comedor.
4. ¿Sabes cuánto cuesta un kilo de manzanas?
   — (costar)__________ 9 euros o más.
5. A qué hora (salir)__________ ustedes mañana por la mañana?
   — (salir)__________ a las seis y media.
6. El peso (bajar)__________ su valor según los economistas.
7. ¿Cómo (caber)__________ todos en este barco?
8. ¿Qué te (decir)__________ el director en la entrevista que tienes mañana?
9. (tener, nosotros)__________ que reducir el costo.
10. A Isabel le (gustar)__________ este pueblo porque nació aquí.
11. ¿Cuántos (venir)__________ a nuestro concierto mañana?
    — (venir)__________ unos 100.

14

練習 2 （　　）内の動詞を適切な直説法過去未来にしましょう。

1. Ayer Gabriela me dijo que (venir, ella)__________ a clase.
2. ¿Cuántos años tenía tu abuela cuando falleció?
   — No estoy seguro, pero (tener)__________ unos 90 años.
3. ¿(poder, usted)__________ esperarme un momento?
   — Claro que sí.
4. ¿Le (importar)__________ cerrar la puerta?
   — No, no me importa.
5. Me (gustar)__________ trabajar con usted.

練習 3 （　　）内の動詞を適切な直説法未来完了にしましょう。

1. Mi hijo ya (terminar)__________ de escribir el ensayo.
2. ¿Qué les (pasar)__________ a los niños?
3. Los jóvenes (acabar)__________ de llenar las encuestas.
4. A estas horas mis hermanos ya (dormirse)__________.

練習 4 （　　）内の動詞を適切な直説法過去未来完了にしましょう。

1. Pensé que la abuela ya (regresar)__________ a casa.
2. (levantarse)__________ tarde y por eso llegaron muy tarde.
3. Creía que (terminar, tú)__________ los deberes antes de cenar.

練習 5 空欄に下記の選択肢から適切なものをあてはめましょう。

1. (　　　　　) tiene boca, se equivoca.
2. Estas chicas son más inteligentes que (　　　　　) están allí.
3. La luna es responsable de (　　　　　) ocurre en la superficie de la Tierra.
4. Todo llega para (　　　　　) sabe esperar.

el que, las que, lo que, quien

Un poco más

(　　) 内の動詞を適切な直説法未来または未来完了にしましょう。

1. Mañana (hacer)________________ mucho viento.
2. Te (llamar, yo)________________ mañana por la mañana.
3. Ana, ¿a qué hora (venir)________________ a visitarnos mañana?
4. A estas horas los chicos ya (terminar)________________ el examen.
5. La semana que viene el doctor me (decir)________________ su opinión.
6. ¿Qué tiempo hará mañana?

   — (estar)________________ nublado y no

   (subir)________________ mucho la temperatura.
7. En la oficina está encendida la luz. ¿Quién la (poner)________________?

Lección 15 Gramática

▼Audio

POINT 1 接続法現在 (presente de subjuntivo)

❶ 規則変化動詞 74

hablar	
hable	hablemos
hables	habléis
hable	hablen

comer	
coma	comamos
comas	comáis
coma	coman

vivir	
viva	vivamos
vivas	viváis
viva	vivan

! 直説法現在の活用で語幹母音が変化する動詞は同じく変化する。

cerrar → **cierre**　　entender → **entienda**

volver → **vuelva**　　poder → **pueda**

❷ 1人称2人称複数で e → i, o → u になる動詞 75

pedir	
pida	pidamos
pidas	pidáis
pida	pidan

sentir	
sienta	sintamos
sientas	sintáis
sienta	sientan

dormir	
duerma	durmamos
duermas	durmáis
duerma	duerman

repetir → **repita, repitamos**　　mentir → **mienta, mintamos**　　morir → **muera, muramos**

servir → **sirva, sirvamos**

❸ 直説法現在1人称単数をもとにする動詞　tener → tengo → **tenga** 76

decir → digo → **diga**　　hacer → hago → **haga**　　poner → pongo → **ponga**

tener	
tenga	tengamos
tengas	tengáis
tenga	tengan

conocer	
conozca	conozcamos
conozcas	conozcáis
conozca	conozcan

construir	
construya	construyamos
construyas	construyáis
construya	construyan

ver	
vea	veamos
veas	veáis
vea	vean

traer → traigo → **traiga**　　traducir → raduzco → **traduzca**　　destruir → destruyo → **destruya**

venir → vengo → **venga**

❹ そのほかの不規則　直説法現在1人称単数が -o で終わらない動詞 77

dar	
dé	demos
des	deis
dé	den

estar	
esté	estemos
estés	estéis
esté	estén

haber	
haya	hayamos
hayas	hayáis
haya	hayan

ir		saber		ser	
vaya	**vayamos**	**sepa**	**sepamos**	**sea**	**seamos**
vayas	**vayáis**	**sepas**	**sepáis**	**seas**	**seáis**
vaya	**vayan**	**sepa**	**sepan**	**sea**	**sean**

1 名詞節

❶ 動詞の目的語になる名詞節（直接目的語節）

❶-1「事実・確信」の主動詞の否定

No creo que ellas **conozcan** a Pedro.
（事実・確信を表す場合は直説法 *Creo que lo conocen ellos.*）
No pienso que ellos **digan** la verdad.
（事実・確信を表す場合は直説法 *Pienso que ellos dicen la verdad.*）

❶-2「願望・命令・助言」を表す主動詞

Espero que todo **vaya** bien.
Les **mando** que me **hablen** por la tarde.
Os **aconsejo** que **saquéis** una foto del lugar.

❶-3「感情」を表す主動詞

Siento que su hijo **esté** enfermo.
Me alegro de que **trabajes** bien.

❷ 動詞の主語になる名詞節（主語節）

「事実・確信」以外の意味を持つ主節（「価値判断」）
Es bueno que los padres **revisen** el celular de sus hijos.
Es necesario que **nos hablemos** el domingo.
No es verdad que **estemos** en una situación difícil.（「事実・確信」の否定）
（事実・確信を表す場合は直説法 *Es verdad que estamos en una situación difícil.*）

2 願望や疑いを表す単文

¡**Ojalá** todo **salga** bien en el examen!
¡**Que** te **vaya** bien!
Quizá lleguen tarde.
Probablemente llueva esta noche.

③ 形容詞節

先行詞の実在が不明、または存在しない場合

No hay ningún chico que **hable** español.

(先行詞が存在する場合 Hay un chico que habla español.)

POINT 2 命令（2）（肯定）(imperativo afirmativo)

usted, ustedes, nosotros/as の人称に対する命令は接続法現在を用いる。 78

		hablar		comer		vivir	
	nosotros/as		**hablemos**		**comamos**		**vivamos**
usted	ustedes	**hable**	**hablen**	**coma**	**coman**	**viva**	**vivan**

! ir の 1 人称複数に対する命令は vayamos ではなく vamos が使われる。

¡Vamos a la playa!

Venga aquí. **Vengan** aquí. **Vengamos** aquí

Hable en español. **Hablen** en español. **Hablemos** en español.

Levántese. **Levántense**. **Levantémonos**.

! 再帰代名詞・目的格人称代名詞の位置については（← **Lección 9.3**）

肯定命令を整理すると…

青字：**tú** に対する命令は、直説法現在３人称単数と同形である。ただし、不規則もある（haz, ven, ten など）（← **Lección 9.3** の ① 参照）

太字：**vosotros に対する命令は、不定詞の語尾の -r を -d に変える。**

その他：その他の人称に対する命令は接続法現在を用いる。 79

		hablar		comer		vivir	
	nosotros/as		hablemos		comamos		vivamos
tú	vosotros/as	habla	**hablad**	come	**comed**	vive	**vivid**
usted	ustedes	hable	hablen	coma	coman	viva	vivan

Práctica de Pronunciación

80

以下の文はスペイン語の refrán（ことわざ）です。何度も声に出して読んで覚えましょう。

- **Dime con quién andas y te diré quién eres.**
  (誰と付き合っているか言えば君の正体がわかる → 朱に交われば赤くなる)
- **En Roma, haz como los romanos.**
  (ローマでは、ローマ人のするとおりにせよ → 郷に入りては郷に従え)
- **Mira antes de saltar.**
  (自分がこれから飛ぶ先を見よ → 転ばぬ先の杖)
- **Despacio piensa y obra aprisa.**
  (ゆっくり考えて速やかに行動せよ → 熟慮断行)

▼Audio

Ejercicios de la Lección 15

練習 1 （　　）内の動詞を適切な接続法現在にしましょう。

1. No creo que la propuesta (ser)__________ una buena idea.
2. Les pido a ustedes que me (ayudar)__________.
3. Esperamos que (realizarse)__________ varios proyectos para el próximo año.
4. Buscamos empleados que (saber)__________ portugués.
5. Sentimos que no (poder, vosotros)__________ venir a la fiesta.
6. Es natural que los padres (querer)__________ proteger a sus hijos.
7. ¡Que (descansar, tú)__________ bien!
8. ¡Que (soñar, tú)__________ con los angelitos!
9. Me alegro de que (estar)__________ aquí ustedes.
10. La profesora nos manda que (estudiar)__________ más.
11. Ojalá mi marido me (comprar)__________ un anillo.
12. Lamentamos que no (ir, tú)__________ a participar en la fiesta.
13. Te pido que me (escuchar)__________.

14. Queremos que nuestra empresa (ser)________________ conocida en Europa.
15. ¡Que (disfrutar, tú)________________ la cena!
16. Es bueno que nadie nos (conocer)________________ en esta ciudad para buscar al sospechoso.
17. Les aconsejo a los jugadores que (obedecer)________________ las reglas.
18. Es importante que (trabajar, nosotros)________________ más.
19. Quizá Ana (venir)________________ a visitarme por la tarde.

練習 2 （　　）内の動詞を適切に活用して（　　）内の人称に対する命令文を完成させましょう。

1. (comer, ustedes)________________ frutas y verduras.
2. (tener, usted)________________ ambición.
3. Queremos ahorrar.
   — (ir, ustedes)________________ a la universidad en bicicleta.
4. Quiero adelgazar.
   — (hacer, usted)________________ ejercicio y (comer)________________ menos dulces.
5. (escuchar, ustedes)________________ en silencio, por favor.
6. (comer, nosotros)________________ en casa esta noche.
7. Señores conductores, (ponerse, ustedes)________________ el cinturón de seguridad.
8. Señor camarero, (darme)________________ un café, por favor.
9. (tomar, ustedes)________________ sus asientos, por favor.
10. (acostarse, usted)________________ en esta cama.
11. (llevarse, usted)________________ estos libros.
12. (mirar, ustedes)________________, yo les informo de lo que ocurrió.
13. (volver, nosotros)________________ a intentarlo.
14. (venir, ustedes)________________ a conocer nuestro país.
15. (sentarse, usted)________________ aquí.

Un poco más

(　　) 内の動詞を適切に活用して、命令文を完成させましょう。人称の指示がない場合は文脈から推察してみましょう。

1. Hijo, (tener)________________ mucho cuidado con los coches.
2. Hace mucho frío. (ponerse)________________ el abrigo y los guantes, hija.
3. Felipe, (leer)________________ este libro.
4. (abrir, tú)________________ la puerta, y (dejarme)________________ entrar.
5. Leticia y Rosa, (estudiar)________________ un poco más.
6. Niños, (venir)________________ aquí pronto.
7. (arrancar, tú)________________ el motor y (salir, nosotros)________________ de aquí.
8. (En la clase de baile)
   (comenzar, ustedes)________________ desde la izquierda estos movimientos.
9. Sr. Morales, (decir)________________ la verdad.
10. (levantarse, tú)________________ inmediatamente.
11. (pararse, ustedes)________________ ahora mismo.
12. (salir, vosotros)________________ deprisa para no perder el tiempo.
13. (esperarme, tú)________________ un momento.
14. (seguir, usted)________________ recto la calle y (girar)________________ a la izquierda en la tercera intersección.
15. (contarme, tú)________________ lo que sucedió.
16. (decirles, tú)________________ la verdad, por favor.

▼Audio

Lección 16 Gramática

POINT 1 命令（3）（否定）(imperativo negativo) 81

否定命令はすべての人称で接続法現在を用いる。

		hablar		comer		vivir	
	nosotros/as		**no hablemos**		**no comamos**		**no vivamos**
tú	vosotros/as	**no hables**	**no habléis**	**no comas**	**no comáis**	**no vivas**	**no viváis**
usted	ustedes	**no hable**	**no hablen**	**no coma**	**no coman**	**no viva**	**no vivan**

No olvides sonreír.
Niños, **no salgáis** de casa hoy.
No tomes esos dulces.

否定命令で目的格人称代名詞は動詞の前に位置し、間接・直接の順になる。

No lo comas.
No me lo digas dos veces.

否定命令で再帰人称代名詞は動詞の前に位置する。

No se preocupe, que todavía tenemos tiempo.
No te vayas tan pronto.

POINT 2 接続法過去 (pretérito imperfecto de subjuntivo) 82

接続法過去には **-ra** 形と **-se** 形がある。いずれの場合も直説法点過去３人称複数形の **-ron** をとって、**-ra, ras, ra, ramos, rais, ran** および **-se, ses, se, semos, seis, sen** となる。不規則はない。

❗１人称複数形のアクセントの位置に注意。

hablar (habla~~ron~~)	
habla**ra**	hablá**ramos**
habla**ras**	habla**rais**
habla**ra**	habla**ran**

comer (comie~~ron~~)	
comie**ra**	comié**ramos**
comie**ras**	comie**rais**
comie**ra**	comie**ran**

vivir (vivie~~ron~~)	
vivie**ra**	vivié**ramos**
vivie**ras**	vivie**rais**
vivie**ra**	vivie**ran**

hablar (habla~~ron~~)	
habla**se**	hablá**semos**
habla**ses**	habla**seis**
habla**se**	habla**sen**

comer (comie~~ron~~)	
comie**se**	comié**semos**
comie**ses**	comie**seis**
comie**se**	comie**sen**

vivir (vivie~~ron~~)	
vivie**se**	vivié**semos**
vivie**ses**	vivie**seis**
vivie**se**	vivie**sen**

querer → quisieron → **quisiera, quisiese**　　　decir → dijeron → **dijera, dijese**

Lección 15 で学んだ複文での従属節の接続法が用いられる場合に、主節の動詞が直説法点過去、線過去、過去未来時制が用いられる際に従属節の動詞は、接続法過去となる。

1 名詞節

◆ 動詞の目的語になる名詞節（直接目的語節）

◆-1「事実・確信」の主動詞の否定

No creía que ellas **conocieran** a Pedro.
No pensaba que ellos **dijeran** la verdad.

◆-2「願望・命令・助言」の主動詞

Esperaba que todo **fuera** bien.
Les **mandé** que me **hablaran** por la tarde.
Os **aconsejé** que **sacarais** una foto del lugar.

◆-3「感情」の主動詞

Sentí que su hijo **estuviera** enfermo.
Me alegré de que **trabajaras** bien.

❷ 動詞の主語になる名詞節（主語節）

「事実・確信」以外の意味を持つ主節（「価値判断」）

Era bueno que los padres **revisaran** el celular de sus hijos.
Era necesario que **nos habláramos** el domingo.
No era verdad que **estuviéramos** en una situación difícil.
（「事実」を表す場合は直説法 *Era verdad que estábamos en una situación de difícil.*）

POINT 3 接続法現在完了 (pretérito perfecto compuesto de subjuntivo)　83

haber の接続法現在＋過去分詞　　❗この場合の過去分詞は性数変化なし

hablar	comer	vivir
haya　hayamos	haya　hayamos	haya　hayamos
hayas　hayáis + hablado	hayas　hayáis + comido	hayas　hayáis + vivido
haya　hayan	haya　hayan	haya　hayan

従属節に接続法が用いられる場合に、主節が現在を表し、従属節がその時点を基準とした完了、経験、継続を表す際に用いられる。

No creo que ellas **hayan conocido** a Pedro.
No pienso que ellos **hayan dicho** la verdad.
Me alegro de que **hayas trabajado** bien.
Siento que su hijo **haya estado** enfermo.

POINT 4 接続法過去完了 (pretérito pluscuamperfecto de subjuntivo)　84

haber の接続法過去＋過去分詞　　❗この場合の過去分詞は性数変化なし

hablar	comer	vivir
hubiera　hubiéramos	hubiera　hubiéramos	hubiera　hubiéramos
hubieras　hubierais + hablado	hubieras　hubierais + comido	hubieras　hubierais + vivido
hubiera　hubieran	hubiera　hubieran	hubiera　hubieran

hablar	comer	vivir
hubiese　hubiésemos	hubiese　hubiésemos	hubiese　hubiésemos
hubieses　hubieseis + hablado	hubieses　hubieseis + comido	hubieses　hubieseis + vivido
hubiese　hubiesen	hubiese　hubiesen	hubiese　hubiesen

従属節に接続法が用いられる場合に、主節が過去を表し、従属節がその時点を基準とした完了、経験、継続を表す際に用いられる。

No creía que ellas **hubieran conocido** a Pedro.
No pensaba que ellos **hubieran dicho** la verdad.
Me alegré de que **hubieras trabajado** bien.
Sentí que su hijo **hubiera estado** enfermo.

Práctica de Pronunciación

85

以下の文はスペイン語の refrán（ことわざ）です。何度も声に出して読んで覚えましょう。

- **A caballo regalado, no hay que mirarle el diente.**
  （貰った馬の歯を見るな → 貰いものにケチをつけるな）
- **No confíes en los extraños.**
  （見知らぬ人を信用するな → 人を見たら泥棒と思え）
- **Adonde te quieren mucho, no vayas a menudo.**
  （親しい所でも、しばしば行くな → 招かれざる客になるな）

▼Audio

Ejercicios de la Lección 16

練習 1 （　）内の動詞を否定命令にしましょう。

1. No (comer, vosotros)＿＿＿＿＿＿ caramelos de menta.
2. No (salir, tú)＿＿＿＿＿＿ de casa, que podrás estar enferma.
3. No (venir, ustedes)＿＿＿＿＿＿ aquí de nuevo.
4. No (decírmelo, tú)＿＿＿＿＿＿ porque no me interesa.
5. No (meterse, tú)＿＿＿＿＿＿ en política.
6. Por el dinero no (preocuparse, tú)＿＿＿＿＿＿.
7. No (irse, ustedes)＿＿＿＿＿＿ porque la película no ha terminado.
8. No (olvidarse, tú)＿＿＿＿＿＿ de mí.

練習 2 以下の肯定命令を否定命令にしましょう。

1. Ciérrala. → ＿＿＿＿＿＿
2. Hazlo. → ＿＿＿＿＿＿
3. Dígamela. → ＿＿＿＿＿＿
4. Abridla. → ＿＿＿＿＿＿
5. Dáselo. → ＿＿＿＿＿＿
6. Acuéstese. → ＿＿＿＿＿＿

16

練習 3 以下の否定命令を肯定命令にしましょう。

1. No lo abras. → ________________
2. No lo creáis. → ________________
3. No te quedes sola. → ________________
4. No se vayan. → ________________
5. No se siente aquí. → ________________

練習 4 [　　] 内の語を用いて、日本語を参考にして命令文を完成させましょう。動詞は必要に応じて活用しましょう。

1. (君、) それを彼に言ってはいけないよ。[se, decir, no, lo]

________________________________.

2. (皆さん、) こちらへお掛け下さい。[aquí, sentarse]

________________________________.

3. (君ら、) 廊下を走るな。[en, correr, pasillo, no, el]

________________________________.

練習 5 (　　) 内の動詞を適切な接続法過去にしましょう。

1. No quería que esto (suceder)________________.
2. El médico me aconsejó que no (fumar)________________.
3. Yo no creía que esas hierbas (poder)________________ sanarme.
4. Alicia me pidió que le (dar)________________ estas flores.

練習 6 (　　) 内の動詞を適切な接続法現在完了にしましょう。

1. No creo que (conseguir, ellos)________________ el primer premio.
2. Es natural que no (entender, tú)________________ el texto.

3. Es bueno que (sacar, vosotros)＿＿＿＿＿＿＿ buenas notas.
4. No creo que (ser, ella)＿＿＿＿＿＿＿ presidenta.
5. Me alegro mucho de que (acabarse)＿＿＿＿＿＿＿ la pandemia.

練習 7 （　　）内の動詞を適切な接続法過去完了にしましょう。

1. No creía que tu papá (estar)＿＿＿＿＿＿＿ enfermo.
2. Era una lástima que no (preparar, tú)＿＿＿＿＿＿＿ la comida antes de la fiesta.
3. Aquel entonces era importante que los jóvenes (estudiar)＿＿＿＿＿＿＿ en el extranjero.
4. Quería que (saber, vosotros)＿＿＿＿＿＿＿ cosas elementales antes de trabajar.
5. No pensaba que (estar, tú)＿＿＿＿＿＿＿ en Nicaragua.

Un poco más

（　　）内の動詞を適切に活用して、否定命令文を完成させましょう。人称の指示がない場合は文脈から推察してみましょう。

16

1. No (perder, ustedes)＿＿＿＿＿＿＿ ni un minuto más de tiempo.
2. (En un restaurante el mesero dice) ¿Levanto el plato?
   — No (levantarlo, usted)＿＿＿＿＿＿＿, por favor, es que todavía como lo que queda.
3. Ya no (beber)＿＿＿＿＿＿＿, es que estás demasiado borracho.
4. No le (prestar, tú)＿＿＿＿＿＿＿ la moto a Gaby porque maneja con alta velocidad.
5. Pase lo que pase, no (sacar, vosotros)＿＿＿＿＿＿＿ las manos.

▼Audio

Gramática

POINT 1 時制の一致と話法 (concordancia de tiempos verbales y estilo directo e indirecto)

直接話法　　　「私は二十歳だ」と彼女は言っている。
間接話法　　　自分は二十歳だと彼女は言っている。

1 主節の動詞が現在や現在完了などを表す場合

上記の日本語の文をスペイン語にすると…

直接話法　Ella dice: — Tengo 20 años.
間接話法　Ella dice que **tiene** 20 años.

❗ 直接話法を間接話法に転換する際、主節の動詞が直説法現在・未来・現在完了（非過去）の場合、従属節の時制に変化はない。但し、人称変化には注意が必要。

2 主節の動詞が過去を表す場合

直接話法　Ella dijo: — Tengo 20 años.
間接話法　Ella dijo que **tenía** 20 años.

❗ 直接話法を間接話法に転換する際、主節の動詞が過去を表す場合(直説法点過去・線過去・過去未来・過去完了)従属節の動詞は概ね以下の通りとなる。

直接話法　→			→	→　間接話法	
Dijo:	① **Trabajo**	現在	**Dijo que**	① **trabajaba**	線過去
	② **Trabajaba**	線過去		② **trabajaba**	線過去
	③ **Trabajé**	点過去		③ **trabajó / había trabajado**	点過去／過去完了
	④ **Trabajaré**	未来		④ **trabajaría**	過去未来
	⑤ **He trabajado**	現在完了		⑤ **había trabajado**	過去完了

❗ 疑問文を間接話法にする場合（従属節が疑問文の場合）は、時制・人称の変化は上記と同じであり、疑問詞を伴う疑問文は疑問詞をそのまま用い、疑問詞を伴わない疑問文では si で結ぶ。（次ページ⑥⑦の例文及び **Lección 12. 2 従属節**参照）

❗ 直接話法から間接話法にする際に以下の**時の副詞**に注意が必要。

ahora → **entonces**　　　hoy → **ese día / aquel día**
ayer → **el día anterior**　　　mañana → **al día siguiente**

① Ellos me dijeron: — **Estamos** en la universidad ahora.
→ Ellos me dijeron que **estaban** en la universidad entonces.

② Ellos me dijeron: — **Estábamos** en el campo.
→ Ellos me dijeron que **estaban** en el campo.

③ Ellos me dijeron: — **Estuvimos** en la universidad ayer.
→ Ellos me dijeron que **estuvieron / habían estado** en la universidad el día anterior.

④ Ellos me dijeron: — **Estaremos** en la universidad mañana.
→ Ellos me dijeron que **estarían** en la universidad al día siguiente.

⑤ Ellos me dijeron: — **Hemos estado** en la universidad hoy.
→ Ellos me dijeron que **habían estado** en la universidad aquel día.

⑥ El compañero me preguntó: — ¿Dónde estás?
→ El compañero me preguntó **dónde estaba**.

⑦ La profesora nos preguntó: — ¿Hicieron ustedes la tarea?
→ La profesora nos preguntó **si hicimos / habíamos hecho** la tarea.

POINT 2 条件文 (oraciones condicionales)

1 条件節 **si** で現在または未来の単純な条件を述べる場合、
条件節は**直説法現在**　帰結節は**直説法現在・未来**または**命令**

Si **te entrenas** bien, **tendrás** un buen resultado.
Si **quieres** perder peso, **haz** ejercicio.
Si **hace** sol mañana, **salimos** temprano.

2 条件節 **si** で事実に反する条件または実現困難な事柄を述べる場合、
条件節は**接続法過去**　帰結節は**直説法過去未来**

Si **pudiera** ser joven, **estudiaría** mucho más.
Si **fuera** millonario, me **compraría** una isla.
Si nos **tocara** la lotería, **compraríamos** un coche de lujo.

3 条件節 **si** で過去の事実と異なる条件を述べる場合、
条件節は**接続法過去完了**　帰結節は**直説法過去未来完了**

Si **hubiéramos hecho** las tareas, **habríamos aprobado** el curso.
Si **hubiera tenido** tiempo aquel momento, **habría visitado** a mis bisabuelos.

POINT 3 副詞節(cláusulas adverbiales)

1 譲歩

◆1 譲歩節で事実を述べる場合、

Aunque + **直説法**　　「～（だ）けれども」
Aunque **llueve** hoy, vamos a salir.
Aunque **hace** mucho frío hoy, vamos a jugar al tenis.

◆2 譲歩節で仮定の事柄を述べる場合、

Aunque + **接続法**　　「（たとえ）～でも」
Aunque **llueva** pasado mañana, saldremos.
Aunque **haga** mucho frío mañana, jugaremos al tenis.

2 時

◆1 **cuando** 節で事実（過去の事柄や現在の習慣）を述べる場合、

cuando + **直説法**
Cuando **me duele** la cabeza, siempre tomo pastillas.
Cuando **fui** a Guatemala, me quedé unos días en Antigua.

◆2 **cuando** 節で未来の事柄を述べる場合、

cuando + **接続法**
Cuando **me duela** la cabeza próximamente, tomaré pastillas.
Cuando **vaya** a Guatemala, me quedaré unos días en Antigua.

Castillo San Felipe del Morro

Práctica de Pronunciación

86

以下の文はスペイン語の refrán（ことわざ）です。何度も声に出して読んで覚えましょう。

- **Aunque la mona se vista de seda, mona se queda.**
  （絹を着てもサルはサル → 豚に真珠）
- **Si tienes prisa, ve despacio.**
  （急いでいるならゆっくり行け → 急がば廻れ）
- **Lo bueno, si breve, dos veces bueno.**
  （良いものが簡潔なら二倍良い）

▼Audio

Ejercicios de la Lección 17

練習 1 以下の直接話法の文を間接話法にしましょう。

1. El presidente dice: — Visitaré Estados Unidos el mes que viene.
2. El primer ministro del país dijo: — Hay pocas posibilidades de lograr un desarrollo económico.
3. La secretaria dijo: — No volveré a trabajar con él.
4. Me preguntaron: — ¿Dónde está la estación?
5. Julio decía: — Ya ha terminado el contrato.
6. El gobierno dijo: — La situación económica del país empeorará el próximo año.
7. Mis amigos me preguntaron: — ¿Te ha gustado el regalo?
8. Me dijiste: — Estudiaré mucho.

練習 2 **単純な条件**を述べる場合の条件文を完成させましょう。

1. Si (tener, tú)________ más de 50 años, necesitas caminar y comer bien.
2. ¿Cuántas copas puedo beber si (ir, yo)________ a conducir?
   — Ni una copa.
3. Si (seguir, tú)________ fumando, te enfermarás pronto.
4. Si (tener, vosotros)________ hambre, entramos a un restaurante.
5. Si (querer, ustedes)________ tener más información, pasen dentro.

練習 3 **事実に反する条件**または**実現困難な事柄**を述べる場合の条件文を完成させましょう。

1. Si esto (ser)________ ilegal, ya estaríamos detenidos.
2. Si lo (saber, yo)________, te lo informaría.
3. ¿Qué harías si (ser, tú)________ millonario?

練習 4 **副詞節（譲歩文・cuando 文）で事実を述べる場合**の文を完成させましょう。

1. Aunque (trabajar, yo)________ duro, no me pagan bien.
2. Cuando (ir, yo)________ a Italia, siempre como pizza.
3. Cuando mi tío (venir)________ a nuestra ciudad, siempre se queda en mi casa.
4. Cuando (tener, yo)________ 30 años, participé en la competencia.
5. Aunque (estudiar)________ mucho ayer, no pude sacar un buen resultado en el examen.

練習 5 **副詞節（譲歩文・cuando 文）で仮定・未来の事柄**を述べる場合の文を完成させましょう。

1. Aunque (venir)________ la tormenta, iré a buscar a mi perro.
2. Cuando (ir)________ a Italia, comeré pizza.
3. Cuando (venir)________ aquí otra vez, quédate en mi casa.
4. Ven a mi casa cuando (tener, tú)________ tiempo.
5. Aunque (hacer)________ mal tiempo, habrá ceremonia mañana.
6. Cuando (tener, yo)________ 30 años, participaré en la competencia.
7. Aunque (nevar)________ mañana, tendremos que ir al trabajo.

Un poco más

条件文を完成させましょう。

1. Si (querer, tú)________, descansa un poco.
2. Si (haber)________ otra manera, la intentaría.
3. Si te (parecer)________ bien, nos vamos ahora mismo.
4. Si (tener)________ dudas, podrán escribirme un mensaje.
5. Si (tener)________ más tiempo, haría ejercicio.
6. Si lo (saber, yo)________, te lo habría dicho entonces.

装丁・本文レイアウト：石井裕子

声に出す初級スペイン語文法

検印省略

© 2024年1月30日　初版発行

著者　安藤幸治
監修　辻井宗明

発行者　小川洋一郎
発行所　株式会社　朝日出版社
101-0065　東京都千代田区西神田3-3-5
電話　03-3239-0271/72
振替口座　00140-2-46008
https://www.asahipress.com/
組版　クロス・コンサルティング/信毎書籍印刷

乱丁、落丁本はお取り替えいたします。
ISBN978-4-255-55149-4 C1087